[illegible]0兆円の[illegible]債権をビジネスにした男

川島敦

プレジデント社

はじめに

不動産ファンド[*1]で、読者の皆さんに最も馴染みがあるのは株式市場で誰もが買うことができる「Jリート[*2]」だと思うが、これ以外にも私募ファンド[*3]、私募リート[*4]などがある。１９９７年に日本で産声をあげたこのビジネスは世界中のプレーヤーが入り乱れながら発展し、２０２３年現在では50兆円もの国内不動産が運用されるまでに急速な拡大を遂げた。

世の中に不動産ファンド、不動産アセットマネジメント[*5]の本はたくさんあるが、本書は少し変わっている。第1章では１９９８年に始まるケネディクスの第1号の案件の取得～運用～売却の流れを26年前の記憶を頼りに書き綴ってみた。すべてのプロセスが日本でほぼ初めてだったのでとても楽しかった。

第2章は歴史である。１９８５年のプラザ合意後の円高不況対策で過剰流動性が生まれ、日本全体が有頂天となり不動産バブルが生じ、１９９０年にそれを退治しようとした結果、１００兆円にも及ぶ不良債権が発生してしまった。しかしそれが２０００年代の不動産ファンドブームを引き起こすきっかけとなった流れを書いてみた。

第3章は日本で初めての業態、不動産ファンドビジネスの実例。世界中の投資マネーが100兆円の不良債権にむしゃぶりつき、安く買って高く売る、これをひたすら繰り返し巨額の利益を持ち帰る話。まさに熱狂と興奮の時代だ。

第4章、第5章はケネディクスの社長として、100年に一度といわれた世界経済危機「リーマン・ショック」の濁流に流されそうになりながら奇跡的に生き残った話。無数の屍の間を当てもなく、金もなく彷徨《さまよ》いながらも数々のステークホルダー、先輩、後輩に支えられながら歩き続けた。1997年に不動産ファンドビジネスが始まって業界全体が有頂天になっていたら、2008年秋に初めて巨大な洗礼を受けた。何度も死にかけた。しかし生き残った。3100億円もあった借金を2500億円返済した。「ケネディクス奇跡の生還」「川島社長、不動産ファンドビジネスの天国と地獄を知る男」といわれた。この生き残り手法はピンチに陥った時に、あらゆる産業に共通して実践できると思う。

本文に入る前に、不動産ビジネスを目指す若い人たちに知っておいてもらいたいことを記しておく。

不動産ビジネスには売ったり、買ったり、開発したり、管理したり、バリューアップ（価値向上）したりといろいろな形態がある。しかし、共通して言えることは教科書はいらないということ。量産品と違って不動産には同じものはない。一つ一つ全部違う。だからなるべくたくさんの経験を積み、なるべくたくさんの業界関係者の話を聞き、それらを体に染み込ませて自分自身が生きた教科書になることだ。

まず、大前提として不動産を愛することだ。愛がなければ良い案件は成就しない。そしてアンテナを張り巡らしながら個々の不動産取引の必然性を考察する。街を歩いている時でも工事のお知らせ看板があれば必ず見る。建築主がA製薬会社、用途が研究所と書いてあれば、なぜその場所に研究所をつくるのか考える。必然性を理解したら（仮説でもよい）ひょっとしたらB社やC社も同じエリアに立地したがるかもしれないと考え、潜在ニーズを掘り起こす。

僕はとにかくよく地図を見た。郊外の工業団地系であれば、1万分の1の地図。都心商業地であれば1500分の1の住宅地図。30代の頃は、会社から帰宅して時間がある時はずっと地図を見て、どの工場が売却の可能性があるか考えた。その企業の有価証券報告書を読んだり、その業界全体の動向を把握したりして仮説を立てる。息子が小学生の頃、自由作文に「うちのお父さんはいつも地図を見ています」と書いたのを思い出す（笑）。

昔、部下に「都心の商業地であれば、ゼンリンの1500分の1の住宅地図のどのページを開いても30分は語れるようになろう」と言っていた。「このビルは昔、A社が本社ビルとして保有。その後、平成10年に業績悪化によりB社に20億円で売却。その後、平成15年にはファンドブームになり、Cファンドが取得。そして平成20年にDリートが40億円で取得し現在に至る」といったことを1枚の地図から30分語るのだ。とにかく不動産が大好きであれば難しいことではない。楽しいことだ。

経済動向には常に目を光らせ、衰退気味の産業、発展中の産業を把握し、不動産のニーズを的確に捉える。1990年代後半に勃興したIT系（ゲーム産業も含む）の企業が、あれから30年もたっていないのに渋谷を中心として何十万坪ものオフィスを使用するようになるとは誰が想像しえただろうか。

それからなるべく多くの同業者と友達になること。大手や中堅の不動産会社だけでなく、駅前の小さな不動産屋さんも大切にする。例えば、田園都市線沿線の駅前不動産屋さんは地元の地主さんのアパートや駐車場を管理し続けている。相続が発生し、どれか不動産を売らなくてはならなくなった時の物件の持ち込み先（あるいは相談相手）として真っ先に自分を思い出してもらうような関係をつくり、維持する。駅前不動産屋さんにとって「相続発生で売却」なんてことは5年や10年に一度のこと。その時に真っ先に自分を思い出してもらえたら、それこそ不動産屋冥利に尽きる。

話はがらっと変わるが、海外の動向も見ておくと面白い。コロナ禍でリモートワークが定着した欧米、特にアメリカではオフィスワーカーがオフィスに戻らない。会社によるオフィスの返却が相次ぎ、サンフランシスコやマンハッタンではオフィスの空室率が20%超え。加えて不動産ローン金利も8%超えなので、2024年以降に既存のローンの満期が来ても借り換えができないケースが続出するといわれている。ということは、そのようなローン債権が不良債権化する可能性があり、この不良債権を安く買いに行くビジネスは面白いと思う。かつて日本国内の大量の不良債権を米系のファンドが数千億円単位で買って大儲けしたが、その逆バージョンだ。

まあ、とにかく一度不動産を好きになったら一生目が離せなくなる、そんな不動産人になってもらいたいと思う。たくさんの経験を積んで、あなたこそが不動産の活きた教科書になるのだ。

では、本書を楽しく読んでください！

＊1　一般的に「ファンド」とは複数の投資家から資金を集めて投資を行い、それによって得られた収益を投資家に分配する仕組みのこと。つまり不動産ファンドとは、主な投資対象が不動産であるファンドのこと。

＊2／4　不動産ファンドの中で「投資信託及び投資法人に関する法律」に基づいて運用されるのが不動産投資信託（ＲＥＩＴ）。そのうち証券取引所に上場しているものが「Jリート（Japan REIT）」と呼ばれ、非上場のものが「私募リート」と呼ばれている。

＊3　不動産ファンドの中で、「投資信託及び投資法人に関する法律」に縛られないのが私募ファンドと呼ばれ、特定または少数の機関投資家から資金を募る形態のものをいう。出資は多くの場合、匿名組合出資（ＴＫ出資、当事者の一方が相手方の営業のために出資をし、その営業から生ずる利益を分配することを約することによって、その効力を生ずる契約）によって行われる。

＊5　不動産ファンドの場合、匿名組合契約を運営する営業者のことを不動産アセットマネジャー（アセマネ会社、資産運用会社、業界内では単に「マネジャー」ともいう）と呼ぶ。そしてその任務を不動産アセットマネジメント業務（アセマネ業務）と呼ぶ。

100兆円の不良債権をビジネスにした男　目次

第2章 バブル生成と崩壊

第3章 イケイケの時代

第4章 ついに危機が到来

第5章 潰れてたまるか

おわりに

第1号の投資案件　川崎テックセンター

第 1 章

初めての アセットマネジメント 業務

リクルートがビルを売却、どうやって買うの？

ケネディクス（当時はケネディ・ウィルソン・ジャパン）で初めて取得した大型案件はリクルート川崎テクノピアビル（取得後に「川崎テックセンター」というビル名に変更）だった。１９８８年10月に建設されたビルでリクルート社が保有していた。ビル売却の入札があり、優先交渉権を獲得することができたのだった。１００億円の大型ビル、しかも床面積の半分がコンピューター専用フロアという特殊なビル（今でいうデータセンタービル）で、バブルの崩壊でリクルートの経営が悪化、財務を立て直すために資産の売却を進めていた。

当時、僕は１９９８年6月に安田信託銀行（現・みずほ信託銀行）からケネディクスに出向してきたばかり。ケネディクスの社員数は5、6人だった。ザイマックスの小野良明氏（後にリンクマックス社長）に「せっかくケネディクスに出向したんだ。案件を少し回してよ」と言ったところ「それじゃあ」と優先交渉権を回してくれたのがこの案件だった。

ただ、「さあ、買え」と言われても、「いったいどうやって買うのかな？」というのが本音だった。もちろん旧知の小野氏がせっかく回してくれた案件だ。ものにしたい。しっかりと契約し決済まで持っていきたい。「わからないなら聞く」。米国のケネディクスの本社に「日本でこんな案件があるんだけど」と川崎テックセンターの件を相談すると喜んでくれ、すぐに動いてくれた。

当時、ケネディクスは米ロサンゼルスのケネディ・ウィルソン・インク社（ＫＷＩ）の日本の子会社という立場。すぐにアジア担当役員のリチャード・マンデル氏と、お金を出してくれそうな同じ米ロサンゼルスの不動産投資運用会社であるコロニー・キャピタル社の担当を派遣してくれた。

やってきて早々、彼らが着手したのが、物件のデューデリジェンス（資産精査）だった。ひとことでいえば、彼らが買おうとしているビルの遵法性の確認や稼ぐ力の査定、すなわち値踏みだった。これこそが黒船だった。

米系ファンドは１９９７年から少しずつ日本に入り始めていたが、当時日本の不動産業界ではほとんど誰もデューデリジェンスという言葉すら知らなかった。

１９８０年代のバブル時代は不動産といえば土地だった。土地にどんな立派な建物が立っていようが関係ない。土地そのものが最重要だった。時間がたてば必ず土地は高騰した。隣地とあわせて1区画にまとめることができれば、坪単価は5倍にも10倍にも跳ね上がった。土地の上の建物は邪魔なだけだった。

しかし、これは土地が理由もなく高騰する土地バブルの時代の話。僕が不動産投資ファンドに身を投じた頃から、不動産は土地と一緒にその上に立つオフィスや賃貸マンション、商業施設の「収益力＝稼ぐ力」が重視されるようになった。米系不動産投資ファンドは「今、そこにある収益」と「将来のポテンシャル」に着目する。「土地は持っていればいずれ値上がりする」なんて理屈は通用しない。不動産の潜在価値を収益性から数字で説明する必要があるのだ。

初めてのデューデリジェンス

そのために必要なのがデューデリジェンス。デューデリジェンスは不動産の物理的調査、経済的調査、法的調査の3つから構成される。建物本体の調査に始まり、設備はどうか、違法性はないか、修繕するならいくらかかるか、今後20年の修繕費は毎年どうなるか、賃貸契約書記載の契約面積と図面上の面積が一致しているか、などきめ細かく調査してまとめたエンジニアリング・レポートのほか、賃貸マーケットレポート、地震リスク評価書、土壌汚染調査、ビルに入居しているテナント企業の信用調査、ビルのキャッシュフロー分析等々。それぞれ米国人が納得する専門業者に発注する。

当時は英語で鑑定評価書を書いてくれる事務所はＣＢＲＥ社くらいしかなかった。地震リスク（耐震性チェック）の考え方も日本の旧来の評価方法と全く違うのでＥＱＥという世界各地でリスク分析を行っていた会社に頼んだ。

どのレポートも調査報告も１００万円以上かかる。米系は不動産を買うのにこんなにお金をかけることに驚いた。

当時はデューデリジェンスという考え方もなければ、賃貸用データセンタービルも数棟しかなかった。日本の企業ではデータセンターは自前で保有するのが常識だった。にもかかわらず、優先交渉権を取ってしまったからには目の前の１００億のデータセンタービルを買い、日本における第1号投資を成功させなくてはならない。いったいデータセンターがどういう形態のビルで、1カ月あたりどれくらいの収益が上がるのか、運営上どんなリスクが潜むビルなのか、将来のマーケットはどうなるのか、収益率は将来も大丈夫なのか全くわからない。賃貸マーケットレポートを書いてもらうだけでも一苦労だった。

ちょうど大型コンピューター、つまり汎用機が衰退し、どんどん小型化し、サーバーというものに置き換わり始めていた時期だった。機器のダウンサイジングは3年で3分の１

というスピードで進んでいた。自然に考えればデータセンターの需要も減退する。ただその一方で情報化はますます進み、データの量は3年で3倍以上に増える時代でもあり、これが幸運だった。この2つの要素を突き合わせれば、機器を置く賃貸スペースの需要は減らないだろう、やはり「買いだ」との結論に達した。

データセンター一つ買うのに、これだけ収益性を検証する習慣は日本にはなかった。それまでの日本の不動産業界では考えられないことだった。すべてが米国流。新鮮だった。

調査レポートや報告書を作ってくれる各社も「これはひょっとしたら日本の不動産の主流になるかもしれない」と思ったのか、非常に協力的だった。

次は米国流のスキームづくり

買収が決まると今度はそのスキームづくり。これもまた勉強になった。流れはこうだ。一番簡単なのは普通にケネディクスが銀行から借金をして物件を買うことだが、この手法はとらない。なぜならBS（バランスシート）に借金が乗っかってしまうからだ。

不動産ファンド、不動産の証券化スキームでこれは許されない。ケネディクスがA銀行から借金して買った場合、買った物件には担保権が設定される。しかし借り手はA銀行が担保に取っている不動産にB銀行やC銀行から第2順位、第3順位の抵当権*を設定してしまうかもしれない。万が一ケネディクスが倒産した場合、第1順位の債権者が担保を処分して投入した資金を回収しようとしても、第2順位、第3順位で不動産に担保権を設定した債権者が口を挟み、思うように不動産を処分できない。遠く米国からやってきて日本の不動産投資をするのに、そんなことに巻き込まれるわけにはいかないのだ。

その点、米国流の不動産ファンドのスキームは合理的だ。まずはこのビルを買うためだけの特別目的会社（SPC）をつくりなさい。はい、つくりました。SPCをつくると今度は、税制面で一番有利になる方法をプライスウォーターハウスクーパース（PwC）や弁護士事務所に考えてもらう。物件は信託受益権化してもらう。

この特別目的会社（SPC）にノンリコースローン（非遡及型融資）を引いてもらう。ノンリコースローンは、ひとことで言えば借り手の返済義務の範囲を限定した融資だ。これま

*ローンなどを借りる時に、購入する住宅の土地と建物に金融機関が設定するもので、お金を借りた人（債務者）が返済できなくなった場合（債務不履行）に、金融機関（債権者）が担保とした土地や建物をもって弁済を受ける権利のこと。

図1-1 ノンリコースローンとは

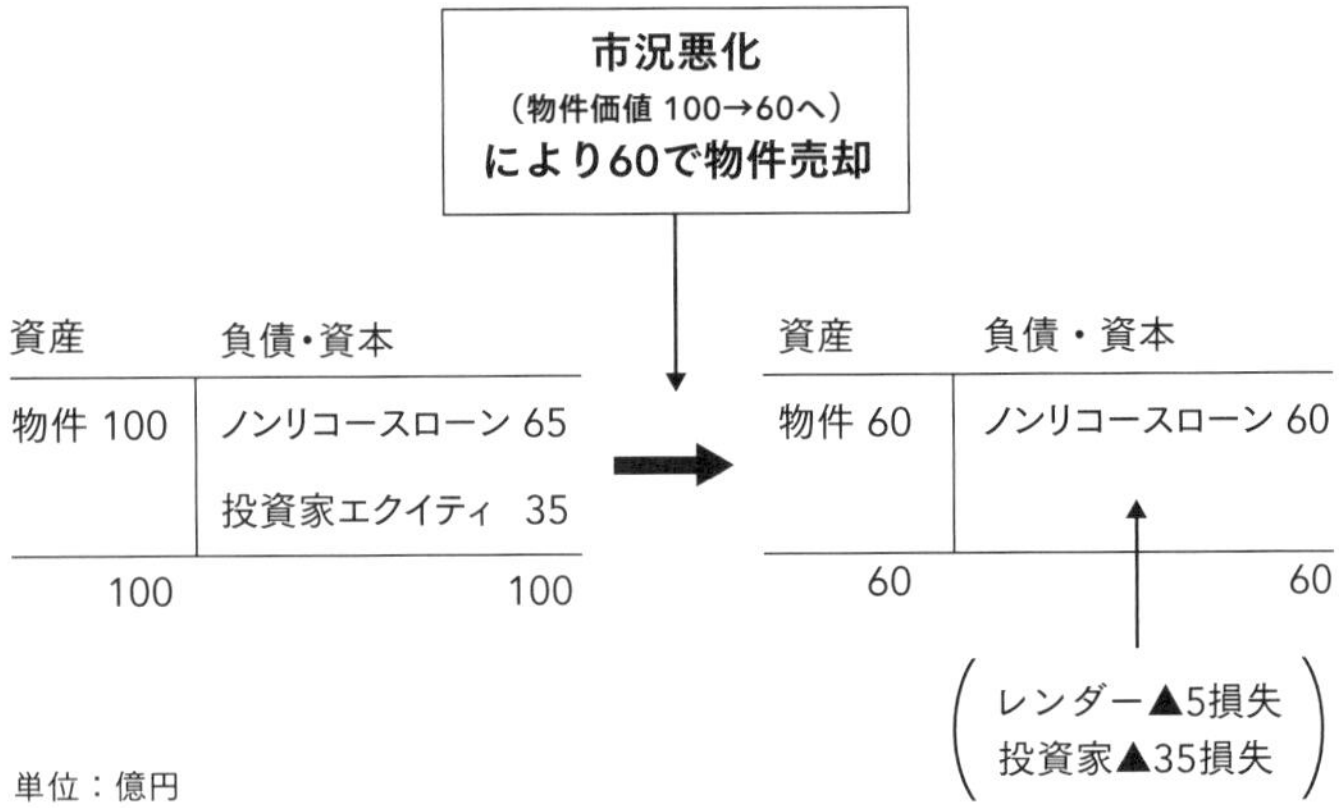

での不動産担保融資では返済が滞った場合、地価下落で担保価値が下がっていると、借り手は他の財産を処分してでも、全額返済する必要があったが、これが必要ない。ノンリコース型では、借り手が不動産価格の下落に伴う責任のすべては負わなくて済む。

例えば「この不動産には１００億円の価値がある」と判断して65億円ローンを出したとする。また投資家は35億円の出資金（エクイティ）を出したとする。市況の変化でこの物件の価値が60億円になり、ローンの返済期限が来た。まず投資家は35億円が全損。1円も戻らない。一方、貸し手（レンダー）は自らの差配で物件を売って60億円だけ回収したら、それは全額自分のものだが、残りの5億円を諦

図1-2　有限会社＋匿名組合契約（YK-TK）の基本スキーム

- 媒体（SPC）：有限会社
- 資産運用　：不動産信託受益権
- 資金調達　：責任財産限定特約付き融資（ノンリコースローン）、匿名組合出資

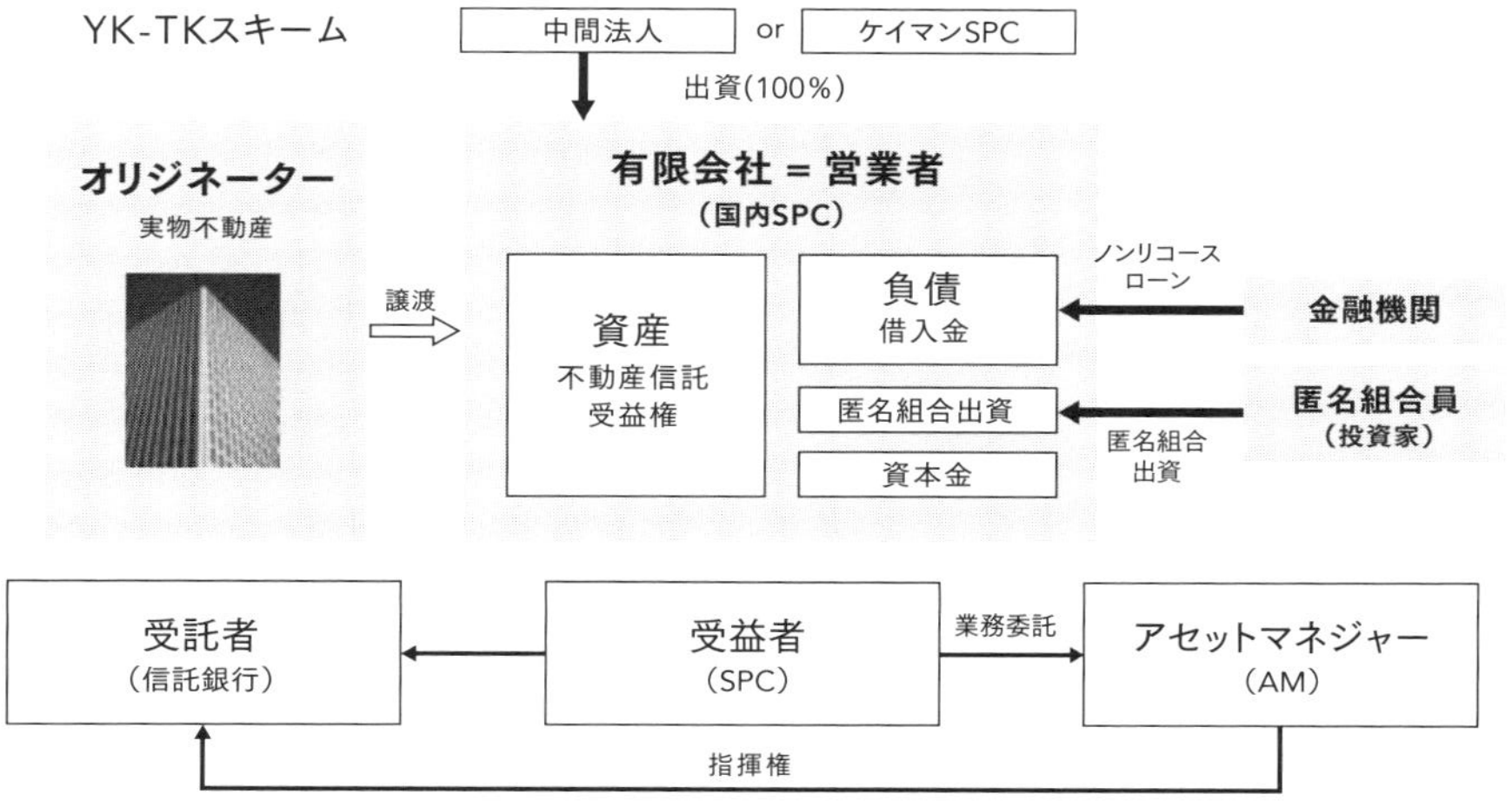

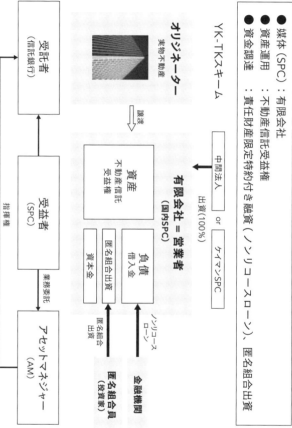

めなくてはいけない。貸したお金はひょっとしたら満額返ってこないかもしれない。こうしたリスクがある分、利息も高い。借り手にとってはコストが高くつくお金だが、プロジェクトが失敗すれば物件を処分、その資金で返済義務を果たせばいい。

出資金（エクイティ）はSPC（当時は有限会社＝YK）に匿名組合出資（TK）や劣後ローン（高い金利収入を得られる代わりに返済順位が低いローン）を出す。以上、何を言っているのかよくわからなかったが、とにかく言う通りにする。これが、後々ファンド業界のスタンダードになるYK－TKスキームだった。この他にも税効率（Tax Efficiency）などを考慮していくつかのスキームが生まれた。

こうやっていわゆる倒産隔離をする。スポンサー企業（本件の場合、ケネディクスのこと）が倒産しても、このSPCには他の債権者は近寄れないようにする。米国の考え方はすごい。その後、合同会社（GK）法の改正があり、有限会社は廃止になったので、現在はGK－TKスキームが主流になっている。米国は個人の住宅ローンもノンリコースローンになっていて、仮に借り手が失業して、住宅ローンが返済できなくなったら、自宅の鍵を銀行に届ければそれで一切終了。借金取りが追いかけてくることはない。あとは銀行が物件処分して回収するだけだ。

厚さ4センチの投資目論見書

さて、デューデリジェンスが終わり、ビルの取得スキームも決まった。各種のレポート、資料作成等でここまでで700万円くらいの出費（デューデリジェンスコスト）だ。次はエクイティを出してくれる米国のコロニー・キャピタル社の投資委員会をクリアしなくては、お金がアメリカから飛んでこない。

投資目論見書の作成だ。このビルの過去3年間のキャッシュフローを分析し、各種のデューデリジェンス・レポートをもとに今後5年間のキャッシュフローの予測値をつくる。ノンリコースローンを65％（物件価格100億円に対して65億円のローン）引っ張ってこられるという前提で、ビルを取得してから売却までの5年間のキャッシュフローを予測する。その結果、IRR（内部収益率）の数値が25％を超えていないと投資委員会に上げられない。「少ない儲けではやってられない」というわけだが、驚いたことに米国には、そういうキャッシュフローを予測するパッケージソフトがあるのだ。日本では「デューデリジェンス」という言葉すら広まっていないのに「いったい何という差だ」と感心してしまった。

そのソフトを使って、なんとかIRR25％に作り込む。

アメリカから優秀なファンドプレーヤーが来て毎日パソコンをばちばち叩いて精緻な理論づけを加えていく。将来当たる当たらないは別として不動産を科学的、理論的に分析していくのが面白かった。投資委員会でどんな質問をされても明快に回答できるよう理論武装する。まさに「不動産を科学する」みたいな印象。

こっちはとにかくそれをひたすら勉強して、「2回目の案件からは自分たちでできるようにしないと」と、何とか付議に必要な材料を作り、英訳も完了させた。これが投資目論見書（インベストメント・メモランダム）。付属書類も入れると厚さにして4センチ弱。年が明けて1999年1月に日米電話会議で投資委員会が行われ、なんとかクリア、これで物件を買える可能性が高まった。すぐさま売主側に「米国サイドの投資委員会で可決された。①買取価格は98億円＋消費税、②買主名義はSPCである有限会社、③投資スキームはYK－TK、不動産を信託受益権化、④オリックスからノンリコースローンを65億円調達できることが前提、⑤エクイティはコロニー・キャピタル社のファンドが34億円、ケネディ・ウィルソン・インクが1億円。あとは契約書類の作成に入り、不備がなければ買えます」と伝えた。

そして次は売主リクルートサイドの売却可否を決める役員会。得体の知れぬ米系の出先

（ケネディクス）が100億のビルを有限会社名義で買うと言っている。しかも、ノンリコースローンというわけのわからないローンが引ける前提だとか、信託受益権にしてくれとか、無理難題ばかり。リクルートサイドの仲介はリクルートビルマネジメント（現・ザイマックス）の小野良明氏。彼とは1994年に160億円のビッグディール（僕が安田信託の仲介営業をやっていた頃）を一緒にやっていたので、それなりの信頼関係はあり、ぜひまとめたかった。

日本では全く新しいスキーム（前述のＹＫ－ＴＫスキーム）だったので小野氏の会社の親会社のリクルートにしてみれば、すべてちんぷんかんぷん。「僕→小野氏→リクルート」と懇切丁寧に説明し、リクルートの役員会に何とか持ち込んだものの1回目は否決。「有限会社が100億のビルを買えるわけないだろ」とか、「わけのわからないローンを引ける保証はあるのか」とか。最後は「その有限会社の通帳持ってこい」なんて話まで出てくる。

当然のことではあるが、リクルートからすれば、①買主の与信、②手付金は10～20％あるのか？　③購入資金の裏付けはあるか？　④信託方式は全く知らない、という4点がクリアできない限り売却をＯＫするわけにはいかない。誰が売主であっても同じことを言うだろう。①買主はつくったばかりの有限会社だから与信のしようがない。②日本にはアメリカと違ってエスクロー制度*がないから手付金を出してくれるか全くわからない。③初めての不動産ファンドとの付き合いなので、売主が満足できるような資金の裏付けを取れるのか、全くわからない。④売主が委託者となって物件を信託してもらい、信託銀行が発行する信託受益権が今回の売買の対象となる。これは税制のメリットが大きいし、日本の信託法で説明可能なので、これだけは何としても説得しなくてはならない。

1999年1月といえば、すでに山一證券や日本長期信用銀行（現・SBI新生銀行）など多くの金融機関や不動産会社が経営破綻し、また借入過多の多くの事業法人が資産圧縮（リストラ）の真っただ中だった。リクルートもその1社だった。不動産は全国で売りムード一色だったので、丁寧に口説き続ければ何とかなると思った。

よし、こうなったらできることはすべてやる！

生みの苦しみ

有限会社の通帳は小野氏に渡したけど、資本金くらいしか入ってなかった。その後、手付金とかが入るたびに通帳を見せる。異例ずくめだったが、次々に出てくる課題を二人でクリアして、2回目の役員会でやっと通った。絶対に諦めないという情熱がリクルートの幹部にも伝わったのかもしれない。

さらに、ここからが死闘の45日だった。契約書類の作成開始、信託契約、ノンリコースローン契約、売買契約などなど、どれも日本でほぼ初めての書類ばかり。信託受託者は安田信託銀行、レンダーはオリックス、弁護士事務所は、ノンリコースローンについて担当するポールヘイスティングス、売買契約、信託契約、アセットマネジメント契約等についてはホワイト&ケース。当方は、ローン契約については宮島大祐（現・ケネディクス社長）、売買契約、信託契約等は僕の担当。米国流の書類を日本法に適合するように作り込んでいく。例えば、売買契約に記載する「表明保証条項」。

「売主は日本法において適法に設立された会社であり……」は、売主から見れば「もう何十年も日本で事業継続しているのに、なんて失礼な」となる。そんな文化・習慣の違いだらけ。一つ一つ丁寧に説明しながら納得してもらう。それまで国内の不動産売買契約とい

＊物品などの売買に際し、信頼の置ける「中立的な第三者」が契約当事者の間に入り、代金決済等の取引の安全性を確保するサービス。

えば、B4サイズの紙2枚、たまに特約条項が付くくらい。ところが、今回はA4サイズで30ページくらいびっしり。信託契約にしても普通は誰も見たことがない書類で、売主が「なんでいちいちこんな長い意味不明の契約をしなくてはならない」と言うのを説得し続ける。

日本であれば、トラブルになった時には「信義誠実の原則に則り誠意をもって協議しましょう」という慣習だが、米国は想定しうるトラブルを契約書に落とし込むという文化の違い。思えば三菱商事時代に海外建設工事を請け負う時の契約書はものすごく長かった。何が書いてあったか覚えていないが、日本に帰国して国内の工事請負契約書を締結する時に確か「四会連合協定契約約款」という、いたってシンプルな請負契約書なのでびっくりしたことを思い出した。

当時は普通に電子メールを使っていたが、弁護士たちは契約関連書類を添付ファイルで送ることを敬遠した。「メール送信中の信頼性が……」と抵抗が強く、書類関連のやりとりはすべて訪問かファックス。土日とか自宅で契約書を修正している時など弁護士から長いファックスが入ってきて、自宅のファックスが用紙切れになって慌てて買いに行ったなんてこともあった。米国の投資家が納得するまで何度も何度もやりとりが続いた。

深夜にオリックスと各種条件の交渉をし、夜中の1時頃に弁護士に連絡し「修正した条文を翌朝までに作ってください。米国側に見せて了承を取るので」などは日常茶飯事。売主側の仲介役である小野氏たちとも何度も明け方まで細部の条件を交渉し、会議室の灰皿は吸い殻の山、という日々だった。

それでも何とか書類も整い、契約できる準備が整った。ところがここで問題発生、契約時の手付金である。米国では前述のようにエスクロー制度と呼ばれる制度があり、買主の払った手付金は安全に保全されるが、日本にはその制度がない。そもそも売主からすれば、手付金をもらうのが日本の常識だ。

売主は契約から決済・引き渡しの間の時間を使って銀行団を回り、抵当権解除の同意を取りに行く。苦肉の策で中立な立場の大手法律事務所（上述の各種契約書を作成した事務所だと中立な立場とはいえない）を選び、そこに手付金を預かってもらい、そこのパートナー弁護士2名の捺印がないと引き出せないような疑似エスクローを作った。こうしてようやく全書類の調印が完了。書類を全部重ねると8センチくらいの厚みになった。

こうして何とか契約調印まではたどり着いたが、1カ月後の残金決済・引き渡しまでは気が抜けない。何もかもが初めてなので、契約調印はしたものの、本当に1カ月後に残代金が海の向こうから飛んでくるのか、確信が持てなかった。

無事に決済完了！

この頃はバブル崩壊が進行中で、山一證券の破綻に始まり、日本債券信用銀行（現・あおぞら銀行）や日本長期信用銀行など大手銀行も破綻していた。生命保険会社の経営も行き詰まっていた。不動産会社だけでなく、日本の不動産の「土地神話」を信じてバランスシートで店舗やビルを保有していた一般事業会社、ダイエーやそごう、あるいは今回の売主のリクルートなども経営難に陥っていた。

そんな中、今回の物件のレンダーとして最大の資金提供者だったオリックスは「もし、安田信託銀行が破綻したら、この１００億のビルの信託受託者としてどうなるのだろう」「65億のローンはスムーズに回収できるのか」といったシミュレーションをしていた。売主のリクルートの大株主であるダイエーについても、「もしダイエーが将来破綻したら、ダイエーの債権者たちが、売却済みのはずのこの１００億のビルの売買の合法性にも異議を唱えてくるのではないか」といったことを法律的に検討していた。

オリックスはちょうど破綻した山一證券グループから山一信託銀行という小さな信託銀行を買収し、オリックス信託銀行と改名していた。オリックスは、いったん安田信託銀行にこのビルを信託するが、安田はこれをオリックス信託銀行（現・オリックス銀行）に再信託すべきである、と言ってきた。そこで信託法の権威の先生などに「再信託」なんていう概念が法的に成り立つのか、侃々諤々《かんかんがくがく》と検討した末、「信託受益権の準共有」という概念があるというのでそれを使うことにし、急遽、再信託契約書なるものを作成した。

そんなことをしながらバタバタしていると、すぐに決済・引き渡しの期日が近づいてきた。「本当に決済日に米国から34億円が送金されるのだろうか？」。とても不安だった。売主側仲介の小野氏も何度か「米国から本当にお金来るよね。リクルートの銀行団はすでに担保解除書類を用意しているから、もし、お金が来なければリクルートは自社の手金を使ってその分を返済しなくてはならないんだよ」と言う。「そうだよね。心配だよね。でも、初めてだから俺も不安なんだよ」と本心を吐露。本当は「大丈夫、絶対送金してくるから安心して」という言葉を聞きたかったのだろう。

当時米系のファンドによる取引がいくつか出始めていたが、やれ「デューデリジェンスの結果、本国から買うべきではないとの指示が来た」とか土壇場になって値引きを要求してきたとか、決済を延期してほしいと言ってきたとか、まだまだ米国との取引はとても不安定なものだった。

そんな状況ではあったが、コロニー・キャピタル社からは値引き要求もなく、無事に決済日の前日に米国から34億円送金してきた。お金が入った時、どれだけほっとしたことか。翌日は手際よく決済完了できた。長かった。日経新聞でも1999年2月27日の夕刊の一面で取り上げてもらった。

数字的にいうと、約100億円の物件を買うのに、オリックスのノンリコースローンが65億円、米国側のエクイティが35億円。この35億円のうち、大手投資ファンドのコロニー・キャピタル社が34億円出資した。ケネディクスの当時の親会社の出資分は1億円だ。

コロニーから見れば、ケネディクスが持ってきた案件だから、踏み絵として1億円出資しなさい、というロジック。その代わり、取得後に物件の価値を必死で上げていって、売却時の利益額によって傾斜配分でボーナス（インセンティブ・フィー）をあげる。つまり10億円儲かったら34：1で配分するのではなく、30：5とか28：7の配分にしてあげる、というルール。

さらにケネディクスが出資する1億円の内訳がユニークだった。ロサンゼルスの親会社

図1-3 不動産アセットマネジメントとは

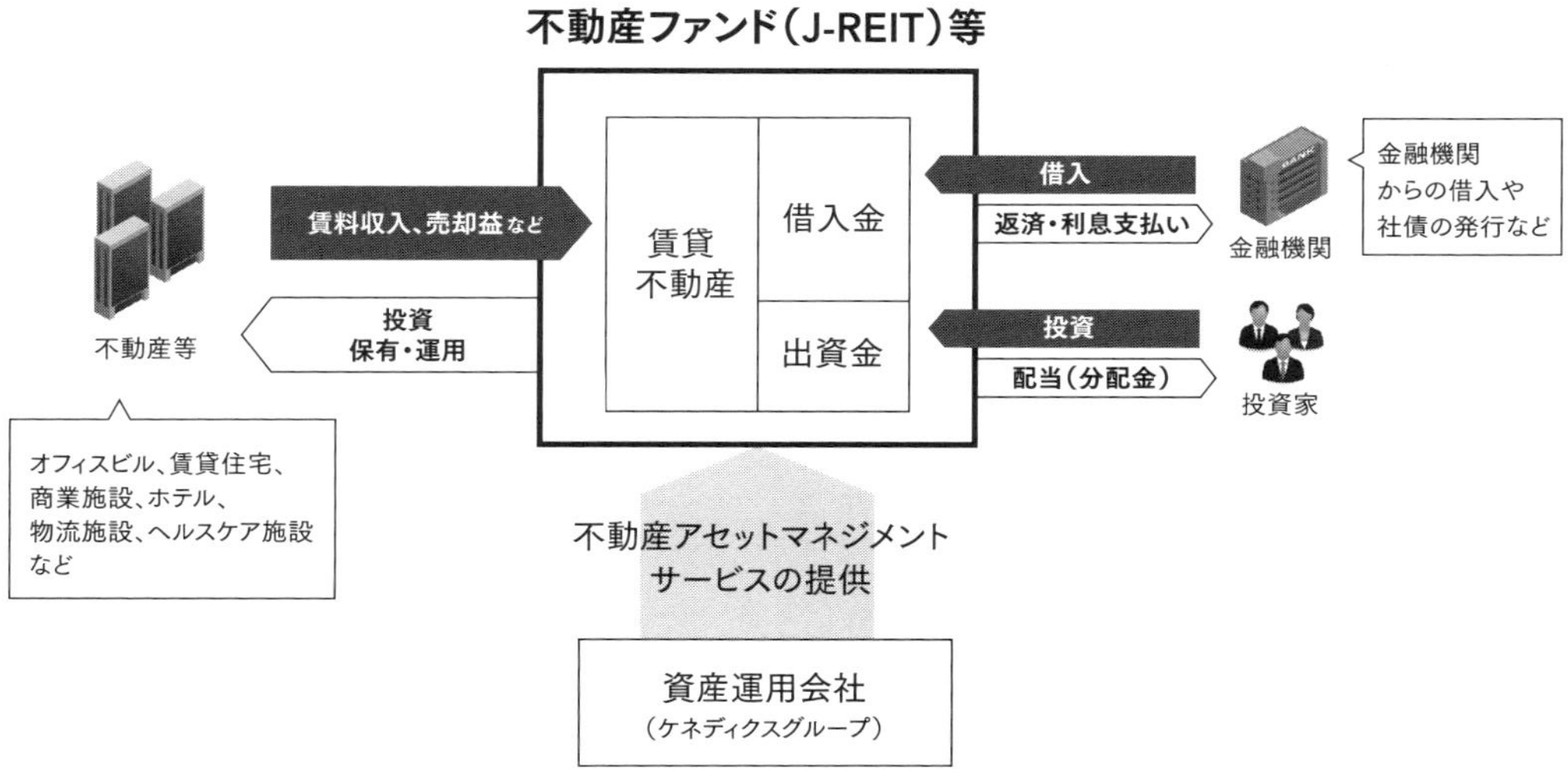

役員と日本法人の役員と案件担当者が個人名義でその20%を拠出するのだ。会社のプロジェクトの責任を役員と案件担当が個人で負う。社内での踏み絵だ。米国人にとってはこの個人投資枠が楽しみなのだ。最初は日本社員一同びっくりしたが、慣れてくるとそれが楽しみになった。

このプロジェクトの後も、いろいろな面白い案件をさまざまな米国の投資ファンドに持ち込んだが、案件説明を終わるとよく「お前はこの案件にお前のボーナスを突っ込む用意はあるか?」と聞かれた。ここでひるむと絶対に取り上げてもらえない。「もちろん。全額出すよ!」「よし、やろう!」。ここで「50万円くらいなら出してもいい」なんて煮え切らない態度を取ると「ゴー・ホーム。出直してこい」となる。

アセットマネジメント業務がスタート

不動産アセットマネジメント会社にとって物件取得は序章。これから投資家、レンダー、信託、現場のプロパティマネジャーとの物件運営をめぐる長い付き合いが始まる。

ここまでにかかった外注費用は、デューデリジェンスに700万円、弁護士事務所に合計4500万円、どれもが初めての作り込みだったので、あわせて5200万円もかかった。これはSPCが負担する。今なら定型化されているから全部で数百万円で済むはずだ。

アセットマネジメント契約でのケネディクスの報酬は、①取得時に1億円の取得報酬、②保有している間は毎年1億円の資産管理報酬、③売却時の売却報酬（この案件では④に含まれていた）、④売却時のインセンティブ報酬（売却利益の傾斜配分）、と規定されていたので、決済完了時に1億円が支払われた。これで少なくとも1年間保有すればあわせて受領報酬が2億円になるので1年後には出資1億円に対して2億円回収できることになる。

さて、アセットマネジメント業務が始まった。入居率が80%だったので、これを少しずつ上げていかなくてはならない。高い管理コストの引き下げも課題だ。1カ月たって気が付いたのは、ケネディクスにはアセットマネジメントのプロがいない。国内にはそんな業務自体がないので、求人ができないが、仮にいたとしてもこんな5、6人の小さな会社には来てくれない。仕方がないので、米国の親会社がロサンゼルス在住のアセットマネジャーを派遣してくれることになった。

高橋さんといって、破綻した日本債券信用銀行の不動産子会社の海外支店でアセットマネジャーとして腕を磨いた人。日本の不動産会社はバブル崩壊まで米国や豪州に膨大な不動産投資をしていて、そういった会社の現地法人で活躍した若手の日本人が何人か親会社の破綻や海外撤退のために帰国していた。高橋さんの人脈をたどって、そういう経験者を2、3人採用し、アセットマネジメントチームを組成することができた。ビルの名前も「リクルート川崎テクノピアアビル」から「川崎テックセンター（KTC）」と変更した。

バリューアップへの苦闘

今でこそ「不動産を買って、バリューアップしてその分の利益を乗せて再販しよう」なんて当たり前のように言うが、1999年当時はそんな言葉もなかったし、そもそもどうやってバリューアップするのかすら知らなかった。米国人に聞くと「簡単さ、入るものを最大化して出費を最小化すればいいだけさ」と言う。ま、確かにそうなんだけど……。

ちなみにビルの収入（賃料、共益費、その他収入）から運営費用（管理費用、固定資産税、保険料など）を差し引いたものをビルのネット収益（NOI＝Net Operating Income）という。要するにNOIを極大化させなさい、というミッションだ。

それまでの日本では、例えば日立製エレベーター設置のビルなら日立エレベータサービス（現・日立ビルシステム）という子会社が管理する、荏原製作所製のポンプ設置のビルならその子会社がこれを定期点検する。ビル全体の管理をする管理会社は、一度管理契約を締結したら長期間継続するのが習慣だった。しかし、これでは競争原理は働かない。時代も少しずつ脱ケイレツ化に動いていた。ベンチャー企業で「どこのメーカーのエレベーターでも安く高品質に管理します」なんて会社も登場し始めていた。物件の管理コストをコントロールするプロパティマネジャーと協力して、いろいろな管理、点検業務を入札制にした。1年近くかかったが、ビルの管理コストを年間5000万円超削減することができた。

もちろんビル管理の品質は落とさない。とにかく天真爛漫に日本の不文律に踏み込んでくる米国流の考え方は勉強になった。ある時は入居テナントからビルについての改善要望点などのアンケートを取れと言われ、どんな要望が出るのかドキドキしながら取ったこともある。今でこそJ－REITのビルなどでは「テナント満足度調査」なんて当たり前なんだけど……。

オフィスは人が一日の大半を過ごす場所。毎朝、ビジネスワーカーが行きたくなるような空間にしてあげないと不幸である。空港のロビーみたいな無味乾燥としたこのビルのロビーを楽しそうな空間に変えなさいと言われ、デザイナーにいろいろ提案してもらい、数千万円かけて少しでも楽しいと思ってもらえそうな空間に変えた。当時としては珍しかったがコーヒーのタリーズをロビーに誘致した。年末になると、この広いロビーでテナントのためにクリスマス・パーティーをやりなさいと言われ、ジャズバンドも入れて、ちょっとしたダンスパーティーをやった。冒頭のスピーチで「テナントの皆様、本日のパーティーを楽しんでください。ただし、家賃金額の情報交換だけは遠慮願います（笑）」。

この数年後には、都心の大型ビルの1階にスターバックスやタリーズやコンビニが入居するのが当たり前になった。

しかしその後も順風満帆とはいかなかった。最大のテナントであった東京テレメッセージというポケベルを運営する通信会社が倒産したのだ。社会インフラだったはずの通信会社が倒産するなんて……。全くのノーマークだった。しかし考えてみれば当然だった。通信、ＩＴは変化が激しい。コンピューターの大きさが3年で3分の1にダウンサイズされる時代に、ポケベルだけが例外であるはずはない。かつては高校生中心に流行っていたが、もはや高校生はピッチを持ち歩き、ポケベル人口は減少の一途。時代の流れだった。

ＫＴＣビルの15％を借りてくれていた最大テナントがいなくなるのは痛手だった。80％だった入居率は一挙に65％にダウン。ノンリコースローンの契約では、入居率が60％を切ると、投資家に配当できなくなる。さらにその状態が続けば、オリックスの差配でビルが売られて投資家の出資金が大きく毀損される可能性が出てきた。大ピンチ。

34億円も出資してくれたコロニー・キャピタル社からは「ケネディクスのデューデリジェンス不足であり、重過失に相当する」とひどく責め立てられた。何としてもこのピンチを切り抜けなくてはならない。

これはリーシング（テナント誘致）に強い人の力を借りるしかない。浮かんだのがエム・エス・ビルサポートという会社。三井不動産と三幸エステート（オフィスリーシングの大手）の合弁会社で、この物件を取得してからずっと運営面で手伝ってくれていた。そこに三井不動産から出向中だった瀬戸幸司という男がいた。ものすごく熱い男で人望もある。管理コスト5000万円の削減でも大活躍してくれていた。瀬戸氏にケネディクスに出向してもらい、助けてもらうことにした。

女神が微笑み、大型商談が成立

瀬戸さんはリーシングブローカーを徹底的に鍛え、大田区から川崎にかけてのそれなりの大きさのビル239棟を抽出し、そのすべてのテナントにビルのパンフレットを持って飛び込み営業をするという。米国では飛び込み営業をCanvassing（キャンバシング）というが、大勢の営業パーソンがそのキャンバシングをやってくれた。

最初、成果は出なかったが、2、3カ月で変わってきた。100坪成約などの実績が少しずつ出てきた。投資家もレンダーも「そこまでやってくれているのか！」と納得してくれた。

そして1999年秋、チャンスがやってきた。コンピューター2000年問題だ。1999年12月31日23時59分59秒から2000年になった瞬間にコンピューターが作動しなくなるかもしれないということを世界中が心配していたが、この2000年問題がビッグチャンスを呼び込んできてくれた。日本モトローラ（現・モトローラ・モビリティ・ジャパン）という携帯電話のシステムオペレーションの会社だった。

公共性の高い通信会社（キャリア）は2000年問題に備え通信障害のないようにバックアップセンターの設置を開始していた。日本モトローラも同様。2000年になる前に緊急でバックアップセンターを探していた。1000坪クラスの大型商談。これをまとめれば入居率は一挙に上がる。高橋さん、瀬戸氏を含むアセットマネジメントチームで総力戦を展開し、必死の思いでモトローラを引き込むことに成功した。これで一息ついた。

ただ、モトローラが入居してくれたのはいいが、ＫＴＣビル自体の管理システムも２０００年に止まってしまったら身も蓋もない。そこはプロパティマネジャーたちに奮闘してもらった。除夜の鐘と同時に徹夜で現場に張り付いている連中から「無事です。ビル管理システムは問題なく作動しています」との電話をもらった時は本当にほっとした。

僕はディール・ハンター。ＫＴＣビルの運営、バリューアップはアセットマネジメントチームに任せ、次の面白そうな取得案件を探し、いろいろな米国の投資家に提案していく仕事を続けていた。ＫＴＣビル取得から2年近くたち、入居率は99％まで上がった。ビルの年間換算のネット収益（ＮＯＩ）は取得時の7億円から12億円近くまで上昇していた。

ダイナミックな〝お別れ〟

そんな時、米国から「リファイナンス（ローンの借り換え）をしてみないか」との打診があった。収益が7億円の頃に65億円のローンをオリックスが出してくれたが、今は収益が12億円近いのだから、借り換えればもっともっと大きな金額のローンが引けるはず。「その

図1-4　リファイナンスの効果

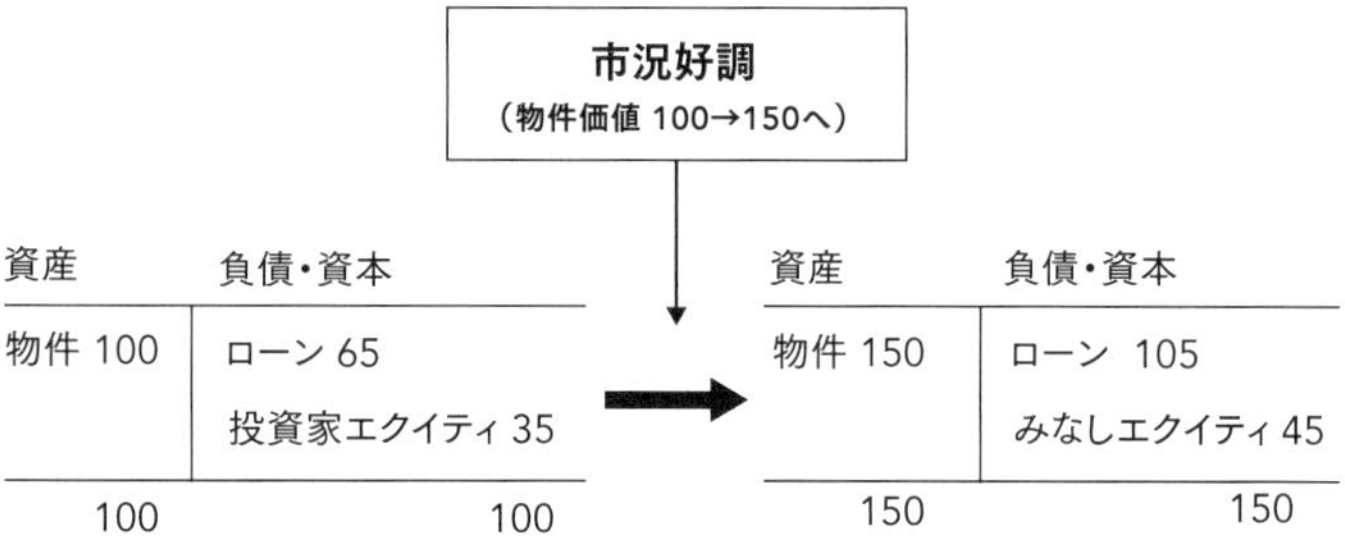

①105-65=40億円の現金ができ、投資家に返金できる。
（投資家は実質タダで物件継続保有可能）
単位：億円
②売却すればさらに45億円の現金ができ、これも投資家に配当できる。

分（ローン金額が増えた分）を投資家に返金できるのでは？」というのだ。

確かにこの2年の間に米系のファンドがかなりの量の不動産や不良債権を日本で買い始めていた。不動産市況の状況もKTCビル取得時とは相当に違う。取引量はかなり増えていた。宮島がゴールドマン・サックス証券とかソロモン・ブラザーズ証券のローン部隊にヒアリングしたところ、今や物件の価値は150億円なので、その7割、105億円くらいのノンリコースローンを引けそうだという。驚いた。ビルは100億円で買ったので、投資家が最初に出資した35億円どころかリファイナンスすれば40億円も返金できる計算だ。

105億円のローンを引ければ、既存ローン

図1-5 アセットマネジメントの事例：
1999年投資　川崎テックセンター

●物件概要

名称	川崎テックセンター
所在地	神奈川県川崎市幸区堀川町
敷地面積	5,662㎡ (1,713坪)
延床面積	46,997㎡ (14,217坪)
用途	事務所
竣工年	1988年
備考	建物の半分をコンピュータールームが占める データセンタービル

●投資概要

投資家	米大手不動産ファンドのコロニー・キャピタルと 当社との共同投資
投資期間	2年6カ月 (1999年2月購入～2001年8月売却)
投資額	102百万円
回収額	809百万円
Net利益	707百万円
投資リターン倍率	6.9倍

図1-6 川崎テックセンター　収益分析

●ケネディクスの投資回収額内訳

エクイティ出資	102百万円
回収額	809百万円
□アクイジションフィー	104百万円
□アセットマネジメントフィー	210百万円
□インセンティブフィー*	495百万円
利益	707百万円
IRR	25.6%

注：* エクイティ出資のリターンを含む

●売買実績

	金額	年間 NOI 利回り
購入時	9,800百万円	7.38%
売却時	14,800百万円	8.00%

●アセットマネジメントの効果

	購入時	売却時	増減
稼働率	80.3%	98.8%	+18.5%
年間管理コスト（百万円）	263	209	-54
ネット営業収益（百万円）	724	1,184	+460

65億円を返済しても40億円の現金が余る。これを投資家に返金できる。また、もし150億円で売却できたら、投資家には既存ローン65億円返済した残りの85億円を返金（配当）できるのだ。つまり、投資資金35億円が、2年半で85億円になって戻ってくるのだ。

「なんてダイナミックな世界なんだ」。リファイナンスが実現すれば長期保有が可能になるし、ケネディクスも年間1億円の資産管理報酬を何年ももらい続けることができる。米国にそう報告すると返ってきた答えは「売れ」だった。理由はこうだ。

レンダーが150億円の価値があると評価したということは、150億円で買いたがる投資家が世界のどこかにいるはず。僕たちはここでいったん売却することにより、コロニー・キャピタル社に早くトラックレコードを見せて、「日本の不動産マーケットはちゃんと機能するね、流動性があるよね、取得～バリューアップ～売却というサイクルが完結できたね。気持ちよく次のディールにも投資できるからどんどんやろう！」というムードを醸成することが最重要だ。良いアセットマネジメントとはそういうものだ。早速売却の準備に取りかかりなさい。正論だった。投資のプロの思考回路を垣間見た気がした。

米国では1970年代から不動産ファンドビジネスが行われているのに対して、日本ではまだ生まれたばかり。これは勉強することがたくさんありそうだ！

そしてＫＴＣビルの売却は現実のものとなる。準備に取りかかり、入札を実施した結果、シンガポール政府投資庁（ＧＩＣ）が１５０億円を提示し、一番札で落札した。２００１年８月、見事に売却が完了した。

これで無事第１号のアセットマネジメント業務は終了した。１９９９年２月取得、２００１年８月売却。取得時稼働率80・３％、売却時稼働率98・８％、取得時ビル収益（ＮＯＩ）約７億２４００万円、売却時ビル収益12億円、取得時キャップレート（還元利回り、年間の純収益÷不動産価格）７・４％、売却時キャップレート８・０％、取得時価格98億円、売却時価格１４８億円、ケネディクスの取得時投資金額１億円、売却時の総回収金額約８億円、ＩＲＲ25・６％。これが不動産ファンドビジネス、アセットマネジャーの仕事か。面白いな。

余談になるが、その数年後、ファンドバブルと言われ始めた頃にＧＩＣはこのビルを３００億円以上の価格で豪州投資家（ファンド）に売り抜けた。しかしリーマン・ショック後に豪州のファンドが破綻し、２０１６年にＪ－ＲＥＩＴの投資法人みらいが２３２億円で取得して現在に至る。すさまじい世界だ。

プロパティマネジャーとアセットマネジャーの役割の違い

プロパティマネジャーはビルの損益（ＰＬ）を管轄する。テナントを探して収入を増やし、管理コストを削減してビルのＮＯＩを向上させる。これに対して、アセットマネジャーの仕事はビル（というかＳＰＣ）のバランスシート全体を管轄する。資産であるビル自体の状況はプロパティマネジャーと二人三脚で価値向上を目指して面倒を見続ける。負債であるレンダーとの関係を見て、少しでも有利なローンに置き換えるなど（リファイナンス）、レンダーとの良好な関係を維持向上する。また、資本の部では投資家の出資金に対して、どうすれば1円でも多くの配当を出して喜んでもらうか試行錯誤する。投資家へのわかりやすいレポーティング、説明責任を果たし、次のディールにつなげる努力をする。どちらもとても価値のある面白い仕事だと思う。

以上、実例に則してアセットマネジメント業務――取得～バリューアップ～売却のサイクルを説明してみた。

図1-7 アセットマネジメント、プロパティマネジメント各々の業務範囲

貸借対照表

資産	負債	
Ⅰ．流動資産	Ⅰ．流動負債	
現金預金（網掛け）	支払い手形・買掛金	Private Debt のアレンジメント
受取手形・売掛金	短期借入金	ノンリコースローン
有価証券	前受金（網掛け）	Corporate Loan
販売用不動産	Ⅱ．固定負債	リファイナンシング
未成工事支出金	社債	
短期貸付金	長期借入金	Public Debt のアレンジメント
Ⅱ．固定資産	預かり敷金・保証金（網掛け）	
1. 有形固定資産		
土地	資本	
建物（網掛け）	Ⅰ．資本金	
建設仮勘定	Ⅱ．資本準備金	Private Equity アレンジメント
2. 無形固定資産	Ⅲ．利益剰余金	
3. 投資等		
投資有価証券		Public Equity アレンジメント
長期貸付金		
Ⅲ．繰延資産		

損益計算書

損益計算書
Ⅰ．売上高
賃貸収入（網掛け）
不動産販売収入
手数料収入
Ⅱ．営業費用
賃貸原価（網掛け）
不動産販売原価
手数料原価
販売費・一般管理費
営業利益
Ⅲ．営業外収益
Ⅳ．営業外費用
経常利益
Ⅴ．特別利益
Ⅵ．特別損失
税引き前当期純利益
法人税、住民税及び事業税
当期純利益

キャッシュフロー計算書

キャッシュフロー計算書
Ⅰ．営業活動によるキャッシュフロー
1. 賃貸活動によるキャッシュフロー（網掛け）
2. その他営業活動によるキャッシュフロー
Ⅱ．投資活動によるキャッシュフロー
Ⅲ．財務活動によるキャッシュフロー

□ アセットマネジメントの業務範囲

■（網掛け） プロパティマネジメントの業務範囲

図1-8　アセットマネジメントの業務フロー（広義）

	取得前の業務	取得時の業務	保有期間中のアセットマネジメント業務	EXIT（売却）に向けた準備業務	売却業務
現場のオペレーション	投資分析 詳細チェック・アイディア出し マーケット分析 事例調査 テナント・ヒアリング デューデリジェンス	プロパティマネジャーの選定 リーシング・エージェントの選定 レポートフォーマット・スケジュールの提示 ビジネス・プラン、年次予算の策定	プロパティマネジャーのコントロール リーシングを含むマーケティング活動 収入増加・コスト削減方針の検討 テナント・リレーション 効果的な資本支出のプランニング 入出金管理、未収金回収、経費支出のチェック ビジネスプラン、年次予算の再検証	投資分析 マーケット分析 デューデリジェンス 資料の準備、提出	
ファイナンス	レンダーの選定 貸付諸条件の事前交渉 タームシート作成 レンダーニーズの分析 エクイティ・パートナーのアレンジメント	ノンリコースローンの実行	経理業務（現金主義会計、発生主義会計、信託勘定） 決算業務 会計監査並びに税務申告のアレンジメント 信託口座の管理 対レンダー承認伺い、定時・臨時報告の実施 金利支払い リファイナンスの検討、レンダー選定	タックスプランニング	借入金返済業務 最終投資結果の報告
投資家との関係	投資家の投資クライテリアの確認 投資戦略の提案 投資対象物件の紹介 投資ストラクチャーの提案	最終売買物件の交渉	定期レポート提出（月次、四半期、年次、計画及び実績） 配当業務	EXITプランの提出（J-REIT、Sealed BID等） 売却用の資料の作成 売却先の選定、検証	売買契約業務 再投資プランの提案

かつて山一証券本社があった茅場町タワー

第2章
バブル生成と崩壊

忘れられたバブル期の寵児

１９８５年頃から始まったバブル期は多くのバブル紳士を生んだ。その中の代表的な例を一つ挙げるとしたら高橋治則だ。ちなみに彼は東京オリンピックの受託収賄事件で逮捕された高橋治之の実の弟である。

高橋治則は日本航空で8年間、サラリーマン生活を送った後、電子周辺機器商社「イ・アイ・イ・インターナショナル（ＥＩＥ）」の副社長になる。雑貨商といってもいい程度の会社だったが１９８３年、高橋治則は38歳の時にＥＩＥの社長となると、これを受け皿に日本長期信用銀行（以下長銀）から融資を引き出して事業を急拡大させる。日本やアジアの不動産を次々に買収し、膨れ上がった総資産の額は１兆円超。翻弄された長銀は最後には破綻にまで追い込まれた。バブル期に長銀とともに事業を急拡大させ、長銀とともに姿を消した。

戦後日本の産業育成を担い高度成長をけん引してきた長期信用銀行の一画にあった名門、長銀が一介のバブル紳士によってあっけなく破綻したことで、世間は高橋治則の影響がいかに大きかったかを知ることとなった。

長銀の破綻は１９９８年秋。政府は住友信託銀行（現・三井住友信託銀行）による救済合併のシナリオを描き、住友信託銀行側にいったん6月末に「救済合併の検討」を表明させるところまで話は詰まった。

前年秋には北海道拓殖銀行が破綻していて政府も必死だった。長銀が行き詰まれば、国際金融システムに及ぼす動揺は計り知れない。日本発の世界恐慌に発展する可能性すらあった。「いよいよ本当に危ない」と経営危機を聞きつけた米国からは「ＬＴＣＢ（長銀）の資料を出せ」と、米国財務省のローレンス・サマーズ副長官が要求してきていた。

当時、住友信託銀行の社長だった高橋温はその時のことをこう述懐している。

１９９８年8月20日夜、高橋温は当時首相だった小渕恵三から公邸にひそかに呼び出しを受けた。官房長官だった野中広務が「合併の要請ではない。あくまで期待の表明だ」と言いながらも、強く合併を迫ったという。

しかし、住友信託銀行が強く要請していた「公的資金による長銀の不良債権処理」に対する回答がなかった。「これは危ないな」と思った高橋は合併案を拒否、長銀は破綻した。総理だった小渕恵三は総額で3兆６０００億円の公的資金の投入を決めた。まさにバブルを象徴する結末だった。

長銀破綻の責任を高橋治則一人に負わせることはできない。しかし長銀破綻の引き金を引いた大きな要因の一つであることは間違いない。

日本経済が空前の好景気に沸いたバブル経済期、「バブル紳士」の異名をとる人物が何人も表舞台に躍り出たが、高橋治則ほど短期間に資産を積み上げ、戦線を拡大した経営者はいない。群を抜いていた。

時代の最先端を走る「和製トランプ」

高橋治則は1945年生まれで、慶應義塾幼稚舎から慶應義塾高校（退学）、慶應義塾大学に進んだ絵に描いたような慶應ボーイ。卒業後は実業の道に入り、バブルで急成長を遂げるが、1995年、理事長だった東京協和信用組合などから自身や元労相の山口敏夫の関連企業に不正融資を行った背任罪で起訴される。2005年、くも膜下出血で倒れあっけなく59歳でこの世を去った。絶頂期、グループ総資産1兆円超を築いた高橋治則だったが告別式の日、棺桶には好物の木村屋のあんパンを4つ入れただけの寂しいものだったという。美食家でもなく洒落っ気もない、生活そのものは質素だったという。ビジネスだけが生きがいのような男だった。

高橋治則の経営は今、振り返れば乱脈経営そのものだった。しかしそれは後講釈にすぎない。当時の高橋治則は時代の最先端を走る新進気鋭の青年実業家と映っていた。戦後日本の重厚長大産業を支えた日本興業銀行（現・みずほ銀行）、日本債券信用銀行と並ぶ名門銀行の長銀がバックについたことで信用力を増し、バブルの波に乗った。1986年、「EIE」を店頭公開し日本携帯電話を設立すると、その勢いで「ハイアット・リージェンシー・サイパン」を32億円で購入、1987年には「ヒルトン・クレスト・ゴルフクラブ」の建設に着手した。

同年、オーストラリアで「リージェント・シドニー」を130億円で買収、翌1988年にはイタリアでホテル「リージェント」を100億円で傘下に収めた。オーストラリアでは「サンクチュアリー・コーブ」（527億円）、「ハイアット・リージェンシー・パース」（120億円）を買収した。1987年には香港で「ボンドセンター」の1棟を380億円、ハワイのホテル「ハイアット・タヒチ」を154億円で傘下に収め、「和製トランプ」を地で行った。

この頃の高橋治則の暮らしぶりを身近で見ていた関係者は「1カ月の3分の1は海外で

過ごし、ピークの1987年から1990年までは、毎月100億円を動かしていた。世界に最大24のホテルを持ち、7割近くが五つ星だった」と証言する。

3億円で始まった不動産投資は10年もしないうちに1兆5000億円にまで拡大した。

不健全な循環モデル

今では考えられない話だが、高橋治則が乗ったバブルとはいったい何だったのか。煎じ詰めれば金融緩和を背景とした「金余り」、そしてその余った金を吸い込んだ「土地神話」に帰結する。1985年のプラザ合意、1986年からの金融緩和で市中にだぶついたマネーが土地と株式市場（マーケット）に雪崩れ込んだ。株高は企業や個人の信用余力をかさ増しし、底上げされた信用力を担保に銀行はお金を貸し、そのお金がまた土地に回った。「日本の土地は必ず上がる、土地さえ買っておけば間違いない」。理屈も何もない。土地は上がる、上がるから買う。買うからまた上がる。この循環だった。だぶついたお金を抱え貸出先を探す銀行は、これまでなら考えられない相手に深入りする。長銀がEIEの高橋治則にのめり込んだように、三井信託銀行と麻布建物の渡辺喜太郎、日本興業銀行と大阪

図2-1　東京23区の商業地公示価格（1㎡当たり）の推移

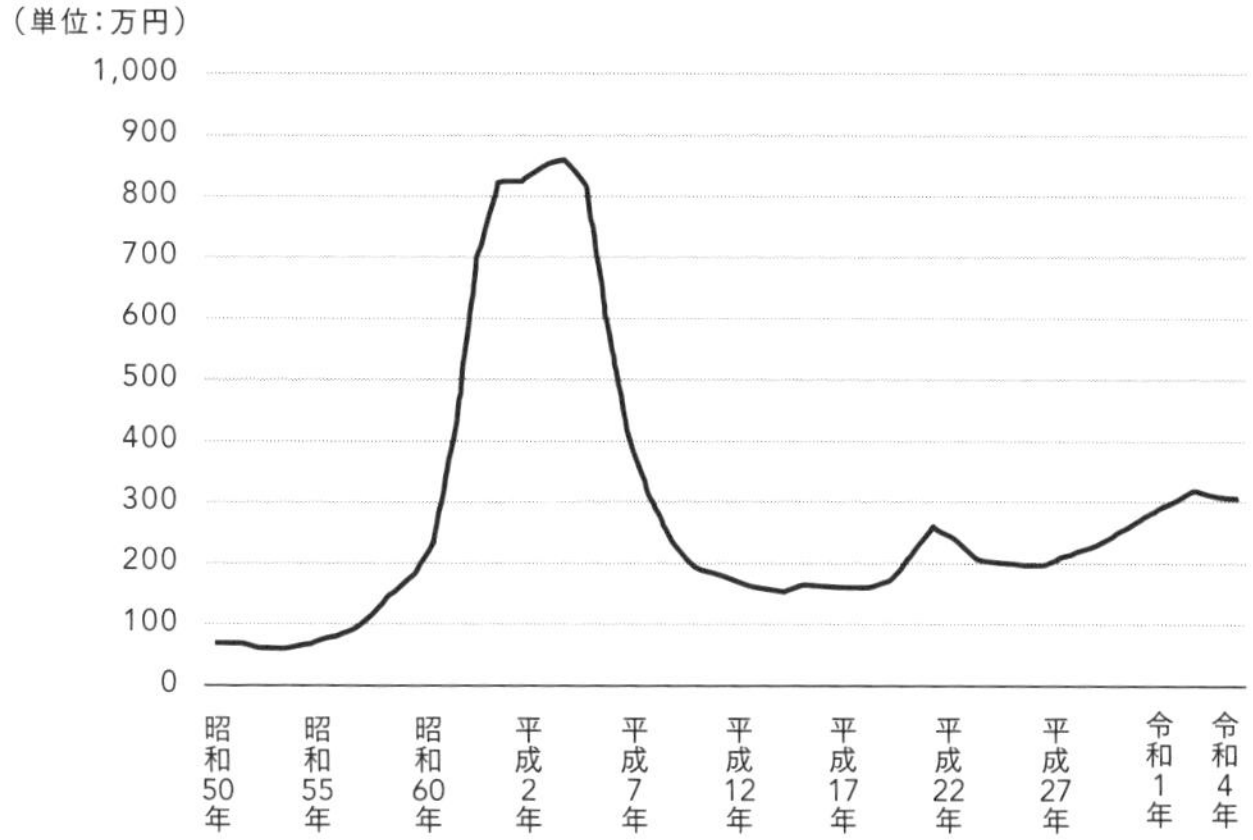

図2-2　東京23区の住宅地公示価格（1㎡当たり）の推移

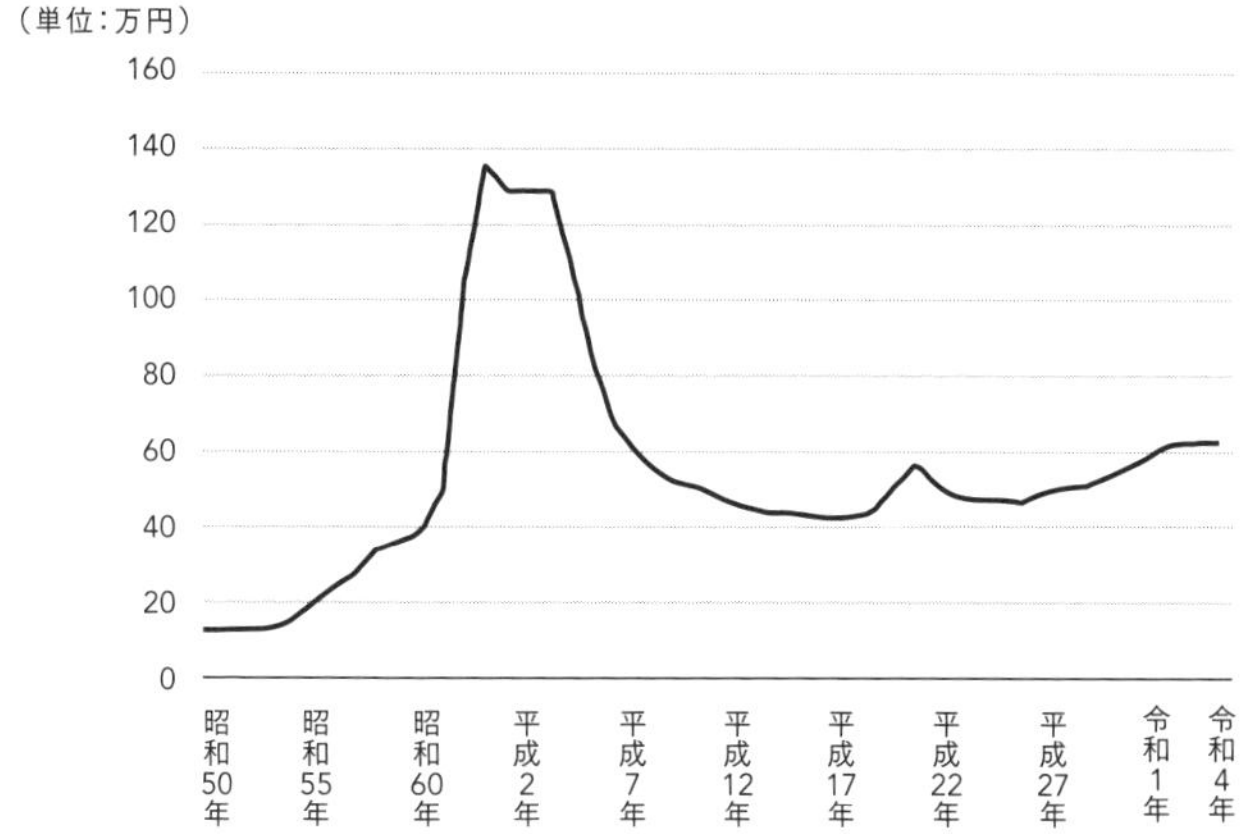

出典：イエゼミ https://hudousan-kounyu.com/hudosankakaku/bubble
（国土交通省地価公示、都道府県地価調査のデータを基に作成）

ミナミの料亭経営者の尾上縫が関係を深め、名門銀行の資金が、土地の信用をバックに闇に消えた。

それには土地は上がらなければならなかった。デューデリジェンスも何もない。そんな言葉もなかった。

今なら土地から上がる収益をもとに土地の値段は決まる。土地の上に立っているオフィスの賃料は坪（3・3平方メートル）あたりいくら、延べ床面積はどのくらい、共用部分を除いた賃貸面積がどのくらいで、年間いくらのお金が入るから、このビルの価値はいくら、あるいはこの土地の価値はいくら、と算定される。それが普通だ。不動産から上がった収益は不動産に投資した投資家とアセットマネジャーに約定通り分配される。ケネディクスのような不動産のアセットマネジャーがバブルが崩壊した後に、米国から学び、取り入れた。

バブルの時代はそうではない。土地は上がるから上がった。「土地の収益性」という頸木《くびき》を持たなかった東京23区の土地の値段は、米国全土の2倍の価格と並ぶ水準にまで上がった。さすがに1989年には政府もその異常さを指摘せざるを得ず、年次経済報告（経済企画庁）では「バブルが発生していた可能性」について触れている。誰もが内心、長くは続かないと気づきつつブレーキを踏めずにいた。

しかし、デタラメな時代も長くは続かなかった。1990年3月に大蔵省（現・財務省）が発した土地関連融資抑制の通達、いわゆる総量規制と地価税、そして日銀による公定歩合の引き上げで、金融の蛇口が締められ始めると状況は変わる。経済の歯車は逆回転を始め、土地の値段は急降下し始めた。そしてバブルは崩壊した。

易き道へ

見ておかなければならないのは、バブルの起点となったプラザ合意とは何だったのか、ということだ。

プラザ合意とは1985年9月22日、先進5カ国（G5）蔵相・中央銀行総裁会議でなされた合意のことを指す。日米英、西ドイツとフランスの5カ国が米ニューヨークのプラザホテルに集まり、ドル高を是正するため外国為替市場に協調介入することで合意した。これがプラザ合意。舞台がプラザホテルだったのでこの名がついた。

会議には米財務長官ジェイムズ・ベイカー、英蔵相ナイジェル・ローソン、西ドイツ財務相ゲルハルト・シュトルテンベルク、フランス経済財政相ピエール・ベレゴヴォワ、そして日本からは竹下登蔵相が出席した。世界経済の大きな転換点となった会議だったが、会議そのものは淡々と20分で終了した。

プラザ合意後、即座に各国はドル売りに動き出す。合意前のドル円レートは1ドル２４０円台。これが１９８５年の年末には1ドル２００円台にまで円が高騰、１９８７年年末には1ドル１２０円台にまで円が上昇した。ドル高は見事に解消され日本企業は輸出競争力を失い、日本経済は一時的に円高不況に陥った。

そして、この円高不況を打開するため政府が打ち出したのが金融緩和だ。これが分岐点だった。政府は日本産業の「構造改革」を推し進め、強靭《きょうじん》なものづくりの力を蓄えさせ、為替に翻弄されない輸出産業の育成を目指すべきだった。１９８６年に発表された『前川レポート』もそう指摘していた。

しかし、日本は易き道に逃げた。日銀による低金利に誘導される形で資金の流動性が一気に上昇し、だぶついたマネーは土地や株式に流れ込んだ。投機が加速し空前の財テクブームが発生し、バブル経済が始まった。

プラザ合意のそもそもの出発点はドル高。米国の都合だった。１９８１年に米大統領に就任したロナルド・レーガンは「小さな政府」「強いドル」政策を打ち出し、インフレを抑

図2-3　為替レートと公定歩合の推移

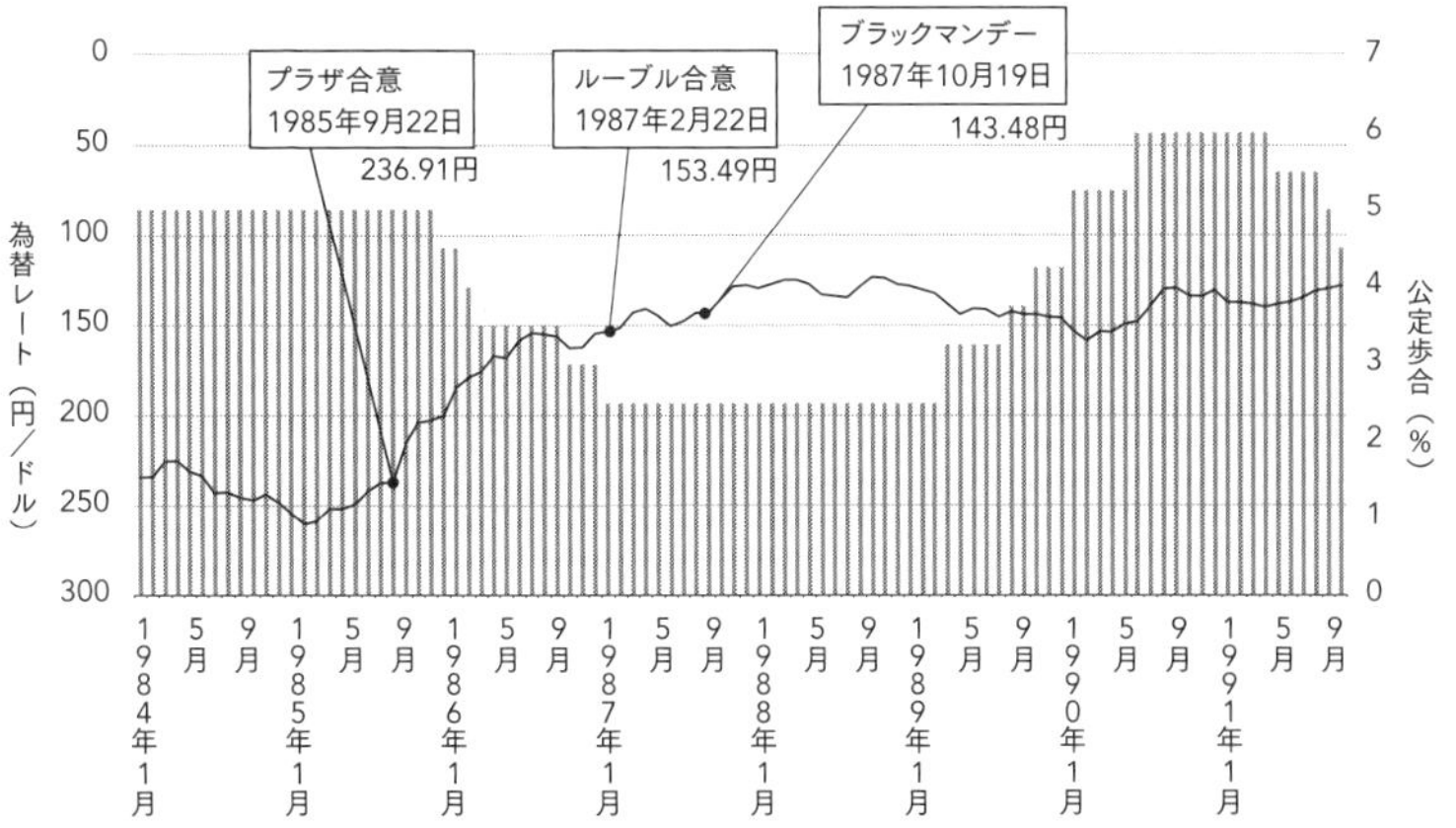

制するためにドル金利を20%に上昇させた。

世界中の投機マネーが米国に集中しドルが高騰、米国は財政赤字が累積するとともに貿易収支の赤字も増加する「双子の赤字」が悪化し続ける状況となっていた。米国は保護主義の動きを強め、プラザ合意によるドル高是正で状況の打開を図ろうとしたのだった。

僕は1985年2月に結婚し1988年まで新婚生活を香港で送っていたため、この時の日本の産業界、不動産業界の空気を知らない。とはいえ、香港ドル建てでもらっていた給与が円換算するとみるみるうちに半額になっていくのを不思議に思っていた。赴任した時は1香港ドルが30円だったが、帰任時には15円になっていた。

レコードは突然止まる

日本は円高不況により輸出産業が打撃を受け、町工場の倒産も相次いだ。政府は内需主導型の経済成長を促すため金融緩和に加え、公共投資を拡大する積極財政を展開し、これがバブル経済の引き金となった。

バブル経済の原因となった金融緩和、低金利への誘導はプラザ合意の翌年、1986年から始まった。日銀は5％だった公定歩合を1986年1月から翌1987年の2月まで5回に分けて0・5％ずつ段階的に引き下げていき、最終的に年率2・5％にまで引き下げた。

政府のもくろみ通りマネーが市中にあふれ出したものの、地価と株価の高騰を招いた。反対に1989年5月からは金融引き締めに入り、1990年8月まで5回に分けて、年率0・75％から1％に及ぶ公定歩合の引き上げを行い、最終的に年率6・0％になった。

東京都千代田区の住宅地価の最高価格はバブル経済前の1985年が1坪あたり200万円であったのに対して、1991年には1230万円となり6倍以上に高騰した。中央区や江東区、渋谷区が5倍以上、その他の区でも2〜4倍に上昇した。

株価は1985年の大納会の高値が1万3117・94円だったのに対し1986年の大納会の高値が1万8819・98円。1989年の大納会の高値は3万8957・44円まで急騰した。1985年の株価から約3倍に上昇した計算だ。

しかし1989年の大納会でピークをつけると、翌年の年始から下落を始め、1992年の大納会の高値は1万7254・04円となり、1989年の大納会の半値以下まで下落した。

バブルは株高と地価の高騰が相まって発生した。

銀行の過度な土地融資がそれを助長した。土地を取得した時点での価格（簿価）と時価の差額（含み益）を担保に銀行は金を貸すことが許された。土地は上がる。企業は本業のものづくりで収益を上げられていなくても、土地さえ持っていれば資金調達をすることができた。

大手企業は優秀な新入社員獲得のために豪華な独身寮、社宅、保養所、研修所を次々に建設、メーカーなのにゴルフ場開発に次々と手を染める。生保は都心の土地をゼネコンに地上げさせ、次々にオフィスビルを建設するなど、さまざまな手法でレコードにあわせてダンスを踊り続けた。その数年後には財務体質改善のために、そのほとんどを手放すことになるとはつゆ知らず。

もしこの時に、ケネディクスのようなアセットマネジャーが米国から導入したデューデリジェンスと、緻密な分析による不動産投資手法をもとにした土地の適正評価と、ファンドへの資金の出し手を含めた不動産や土地の値上がり益の適正配分という考え方が少しでもあれば、日本のバブルはもっと別の形になっていたかもしれない。

先人たちの宴のあと、新天地にて

1990年に8年間勤めた三菱商事を辞め、安田信託銀行に転職した。31歳の時だ。1984年から1988年まで香港で建設工事のマネジメントをやっていたので、日本の過剰流動性、バブル経済の状況は全く知らなかった。安田信託銀行に転職した日が、まさに大蔵省が融資の総量規制を発動した日だった。

地価は上がり続ける、土地を買っておけば必ず儲かるという土地神話の終焉の年。それまでは土地を転売する不動産業者の間に入って、融資と不動産仲介手数料を稼ぎまくっていた信託銀行も、1990年からは稼げなくならざるを得なかった。不動産の買い手に融資が付かなくなると、たちまち不動産の流動性が失われるばかりでなく、転売業者も資金繰りに窮するようになる。しかし、信託銀行は手数料を稼がなくてはならない。おそらくどこの信託銀行も手数料総額の半分以上は仮需で稼いでいた。すなわち、何もしないと手数料が半分以下に落ち込むことになる。そこで注目したのが不動産の実需だ。

それまでの転売業者から手数料を稼ぐビジネスが仮需だとすれば、これからは本当に不動産を必要とする企業に買ってもらう、いわゆる実需を掘り起こすしかない。転職早々右も左もわからないまま、実需の掘り起こし作業に入る。さまざまな経済産業レポートや企業の有価証券報告書を分析しながら、この企業は設備投資が活発なので、工場用地、物流用地を買うに違いない、この企業は今年創業70周年だから周年事業として本社用地を買うかもしれない、など想定される実需を手当たり次第にヒアリングした。

再開発事業で不動産の収用（再開発地区の地権者が、保有不動産を行政の補助金で再開発組合に買ってもらうこと）により多額の現金を保有している企業を探しまくり、代替不動産を提供するという実需も掘りまくった。「不動産需要調査」と称して何万通ものＤＭをいろいろな切り口で企業に送りまくった。半年以上そんなことをやり続けると、実需をどんどん掘り起こすことができた。

しかし、なかなか仲介手数料に結びつかない。せっかく掘り起こした実需に見合う土地がなかなか見つからない。このまま実績を上げられず、この転職は失敗に終わるのか、と何度も思った。

それは古巣の案件から始まった

そんな時、古巣の三菱商事の後輩から「三菱グループではなかなか買い手が見つからないので、芙蓉グループ（当時は大手の企業グループは三井グループ、三菱グループ、住友グループ、第一勧銀グループ、芙蓉グループ［当時の富士銀行（現・みずほ銀行）を中心とした旧安田財閥系企業グループ］、みどり会［当時の三和銀行（現・三菱ＵＦＪ銀行）を中心とした企業グループ］などがあった）の買い手さんいませんか？　キャタピラー三菱（現・日本キャタピラー）の八王子の工業団地内の整備工場跡地２０００坪を坪80万円で売ってもらえませんか？」と言われ、「芙蓉グループで何とかするので、他のグループには持ち込まないでほしい」とそれに飛びついた。

早速ＤＭで反響があった実需先に紹介したほか、数十件の飛び込み営業もやった。

結果、２社も引っかかってきた。最初に買い付け証明（この不動産を取得したいという意思表明をする法的拘束力のない書面）を出してくれた「魚力」という会社。寿司ネタの加工工場をつくりたいと。もう一社が「ダスキン」。使用済みのモップの洗浄工場をつくりたいと。いずれも実需。社内での検討の結果、ダスキンに売却することになった。三菱商事も喜んでくれた。

良いディールができてほっとしていたら魚力の社長から呼び出し。「こっちのほうが先に買い付け証明を出してあげたのに、なんでダスキンに売ったんだ！　けしからん。何とかせよ!!」とすごい剣幕。苦し紛れに「社長、この八王子の工業団地内に必ず1年以内に魚力さん用の土地を見つけますから、今日のところは勘弁してください」と退散。あー、コミットしちゃった——１９９4年9月のこと。

工業団地には30社くらいの企業が立地していたので、手あたり次第に飛び込んで売却の打診営業を重ねた。工場長から東京の本社に聞いてみてよと言われれば、速攻で本社総務部を訪問。そんなことを繰り返していたが、岩崎通信機という企業の八王子工場に飛び込みをした時のことだった。「すみませんが、この広い1万５０００坪の工場敷地のうち、使っていない部分２０００坪だけ売ってもらえませんでしょうか？」「いやあ、うちも業績がよくなくて工場の稼働率が低下しているので、久我山にある本社の総務部長に聞いてみては」と言われ、速攻で久我山の本社を訪問。「八王子工場を別の工場に集約しようかと思っている。しかし、2000坪だけの切り売りは無理。1万5000坪全部を売るのが条件」。うーん、2000坪は魚力に買ってもらうとしても残りの1万3000坪はどうすればいいのだろう。岩崎通信機は当時の企業グループでいうと、三和銀行を中心とする「みどり会」所属。三和銀行に飛び込み訪問して岩崎通信機の実情をヒアリングすると同時に、こちらには2000坪の買主はいるが、残りの1万3000坪の買主を三和銀行と協力して探してみたいと申し入れる。当時異なる企業グループ間の取引はほとんどなかったので、三和銀行も芙蓉グループからの飛び込み営業の兄ちゃんに興味を示してくれた。

何としても取引を成立させる！

何とかして1万3000坪の買主を見つけなくてはならない。魚力の社長との約束だし。安田信託の全支店が把握している実需をヒアリングした結果、日本アムウェイが物流センター用地7000坪を探しているという情報をキャッチ。米国企業なので地震リスクの低いところを所望。活断層のそばはダメ。環境汚染されていないきれいな土地が必要だ、と。

過去の地震発生箇所のマップを作ったり、活断層マップを作ったりして提案。すると先方が乗ってきた！　7000坪確保したいと。やった！　あとは6000坪の買主を見つけなくては。しかし、たくさんの同僚を巻き込んで必死に探索しても見つからない。

そこでふと思った。もし日本アムウェイが建設予定の延べ床面積1万4000坪もの、当時としては巨大な物流センターの工事を特命で受注できるのだったら、同じ芙蓉グループの大成建設に残りの6000坪を買ってもらえないだろうか。早速、当時業界の有名人だった大成建設の伊藤専務にお願いしてみた。「わかりました。1万4000坪の工事を受注できるなら6000坪を買いましょう。しかし、6000坪の売却先は安田信託に全身全霊で探してもらいたい」。おぉ、これで1万5000坪は何とかなるかもしれない。

光が見えてきた。早速日本アムウェイに赴き、「何とか特命で大成建設に発注してもらえれば、貴社の発展にとって必要な物流用地が手に入りますがいかがでしょうか?」「米国企業は透明性の確保が必要なので、特命発注はできない。どうしても入札を実施せざるを得ない」。うう、ダメか。そりゃそうだ、数十億円もの大きい工事を米国企業が競争なし発注しようとしても本国の許可は取れないよなー。それでもしつこく何回か日本アムウェイの支社長と議論した結果、「わかりました。指名限定競争入札という新しいパターンをやってみましょうか。当社が応札先を決めます。しかし、それは2社かもしれないし、3社かもしれないし、1社かもしれない」。支社長がそこでニヤッと微笑んだのを見て、「あ、これはいける！」と直感した。大成建設も乗ってくれた！　これでディールは成立した！　と思いきや、日本アムウェイは米国の習慣として事前に土壌汚染の調査をやらせてほしいと言ってきた。まだ不動産のデューデリジェンスなんて日本にはなかった時代だ。当時の日本の不動産売買では土壌汚染調査などという習慣は全くなかったが、売主にも頼み込んでやらせてもらうことになった。日本アムウェイが1600万円かけて調査。結果のレポートが出る前の晩は何事もないことを天に祈った。

そして当日、「7000坪の北の1000坪部分で有機塩素系汚染がありました」。あぁ、これで今までの努力は水泡に帰すのか、魚力の社長にまた怒られるのか……。大成建設に結果を報告した。すると大成建設は助け舟を出してくれた。日本の不動産も土壌汚染がキーワードになる時代が来ることを見越して、米国の土壌汚染浄化会社と1年前に提携し、環境エンジニアリング本部という本部を一昨年つくったのでそこで相談しましょう、ということになった。土壌汚染には重金属系汚染と有機塩素系汚染があり、重金属の場合は土壌の入れ替えが必要で、場合によっては土地代以上のコストがかかる。しかし有機塩素系汚染の場合は揮発性の汚染なので、地中のガス濃度にあわせていろいろな深さにパイプを刺して、揮発させてガスを外に出すことができる。これにより地中のガス濃度が徐々に下がり、1年くらいで環境基準を満たす数値になるはずとのことだった。この手法に日本アムウェイも乗ってくれた。

信託銀行初の手法で成就！

1995年7月、三和銀行大手町本店の会議室を5つ貸し切る。同時売買なので買主3社、魚力、日本アムウェイ、大成建設それぞれの調印部屋、売主・岩崎通信機の部屋、仲介・安田信託の事務局部屋の5室。総額94億の土地取引完了。書類の準備、持ち回りの事前捺印も決済の前日午前中までに済ませて、その日の午後は会社を早退し、逗子マリーナのユーミンのコンサートを女房と楽しんだ。このことは安田信託の誰にも言ったことがない。

それはともかく、魚力の社長にコミットしたのが1994年9月だから10カ月で約束を果たせた。

後年、この方式は安田信託では「アムウェイ方式」と呼ばれ、大きい土地を仲介する際に後輩たちによってたびたび使われたと聞く。一般的な不動産仲介とは、売主が売りたい物件に対してそれをそっくりそのまま買いたい人を探してくる。あるいは買主が「ここのエリアに100坪欲しい」と言えば、必死になって100坪前後の土地を探してくる、というものだ。しかし、前述の案件では売りたい物件が大きすぎて、複数の買主を集めてこないと成就しない。難しいのは全当事者が同一の日時に同一場所に集まり、同時に資金決済をしなくてはならないことだ。万一誰かが「今日は資金が間に合わなかったので明日にしてほしい」と言い出したら、売主は「売れ残りリスク」を負うことになる。そんなリスクは何としても避けなくてはならない。

ちょっと専門的な言葉で言うと、買主のニーズに応じて土地を分筆することを前提に売買契約書にはすべて「一体不可分条項」を入れる。例えば決済日当日、買主のうちどこか1社が売買金額を調達できなければ取引全体がお流れになる。売主のニーズは全部を同時に売却して資金をつくることだから、当然買主の1社が欠けたら取引全体がお流れになる。これが一体不可分。当時は信託銀行始まって以来の手法だったのでドキドキだった。

1996年には大成建設に一時的に保有してもらっていた6000坪のうち、4000

坪をヤクルトの加工・配送センター、２０００坪を三菱ふそう（当時は三菱自動車工業のトラック・バス部門）の整備工場用地としてそれぞれ取得してもらい、無事大型仲介プロジェクトは終了した。

そんなこんなで、１９９４～１９９７年の4年間で仲介手数料を20億円稼いだ。当時の安田信託の年間手数料が１００億円くらいだったから、年平均5億円の手数料はその５％にあたる。もちろん上司、同僚、部下の絶大なる協力があっての数字だ。

古い資料によれば、１９９６年4月～１９９７年3月の安田信託の年間不動産関連手数料は１１４億円、このうち仲介手数料が86億円だった。それでも信託業界ではトップの手数料収入。ちなみに2位は住友信託93億円、3位三菱信託（現・三菱ＵＦＪ信託銀行）81億円と続いていた。

２０２１年のみずほ信託の不動産関連手数料が５００億円を超えるといわれているのに比べると隔世の感がある。今は汐留の電通本社ビルを３０００億円で売買して、仲介手数料を何十億円も稼ぐ時代だ。

図2-4　経済成長率の推移

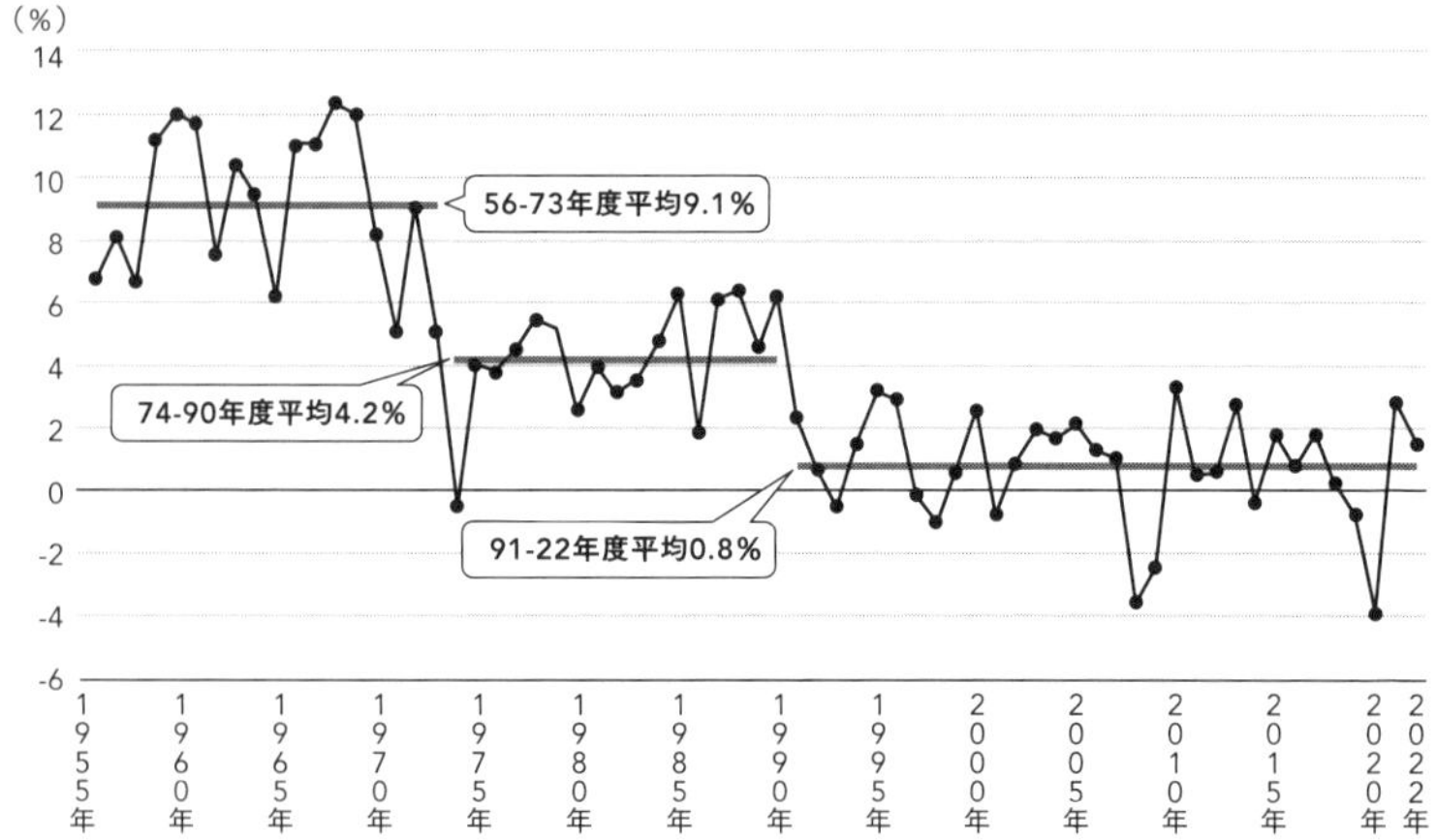

注）年度ベース。複数年度平均は各年度数値の単純平均。1980年度以前は「平成12年版国民経済計算年報（63SNAベース）、1981〜94年度は年報（平成21年度確報、93SNA）による。それ以降は2008SNAに移行。2023年7〜9月期1次速報値〈2023年11月15日公表〉
（資料）内閣府SNAサイト

長い長い下り坂

一方、同じ頃、すなわち1990年以降、日本の金融機関、不動産会社では何が起こっていたか。不動産融資の総量規制が発動され全国の不動産業者は困り始める。総量規制の実施主体は「銀行」だけだったので、銀行は迂回融資を考え出す。不動産業者にはこれ以上貸せないが、ノンバンクであれば規制の対象外なのでまだまだ貸せる。そして規制のないノンバンクが困っている不動産業者に貸し続ければ何とかなる。これが当時流行った迂回融資。しかし、それがバブルの傷を一層深めることになった。

２・５％だった公定歩合はこの年６・０％まで上昇、長期プライムレート*は８％となった。不動産業者にとって最悪なのは転売先がなくなること。地価は必ず上がるのだから転売先は必ずある、というビジネスモデルの瓦解。総量規制により転売先に融資が付かない。ノンバンクによる迂回融資にも限界がある。売れないと値下げをしてでも売ろうとする。こうしたネガティブ・スパイラルが始まった。徐々に徐々に不動産の価格が下がり始める。戦後初めてのことかもしれない。

日本は経済成長率が平均０・７％の低成長時代に突入した。企業は身の丈経営を意識し、コスト削減、財務体質の改善が急務だった。人々は働き盛りなのに給料が上がらず、でも働くしかないというどんよりとした時代の幕開けである。

実は１９９１年頃から日本の不動産は実に15年間にわたり下がり続けた。失われた30年の始まりだ。日本の世帯平均所得も１９９４年あたりをピークに下がり続け、２０２２年

*優良企業に対して1年以上資金を貸し出す際に適用する最優遇貸出金利のこと。日本では貸出期間が1年未満か1年以上かで短期プライムレートと長期プライムレートに分けられる。このレートは各銀行が個別に定めているが、短期のものは公定歩合や短期金融市場に影響を受ける。

時点でもピーク時には届いていない。世界中の多くの国では年収は30年で倍以上にはなっているはず。先進国のように毎年3%アップすれば24年で倍になる。新興国のように毎年6%アップすれば12年で倍になる。残念ながら、日本では増えるはずの年収が時間をかけて減ってしまった。

不良債権誕生

地価は徐々に下がり始め、不動産業者は多大な売却損失を出すことになった。しかも8%もの金利を払えなくなってきた。財閥系大手不動産会社も苦しくなってきた。近年輝き続けているあの三井不動産でさえ、1997年3月期から4年間連続で最終赤字を記録した。1991年も1992年も1000社以上の中小不動産会社が倒産した。もちろんその後も倒産は続々。しかも倒産1件あたりの負債総額が巨大化していった。政府も慌てて公定歩合の引き下げを始めた。1990年には6%だった公定歩合を段階的に1995年にかけて0・5%まで下げた。金融機関が不動産の融資を絞り、それによって不動産の流動性が激減、それによってさらなる不動産の値下げが進んだ。

図2-5 （上）東京23区の商業地における地価公示価格、（下）日経平均株価の推移

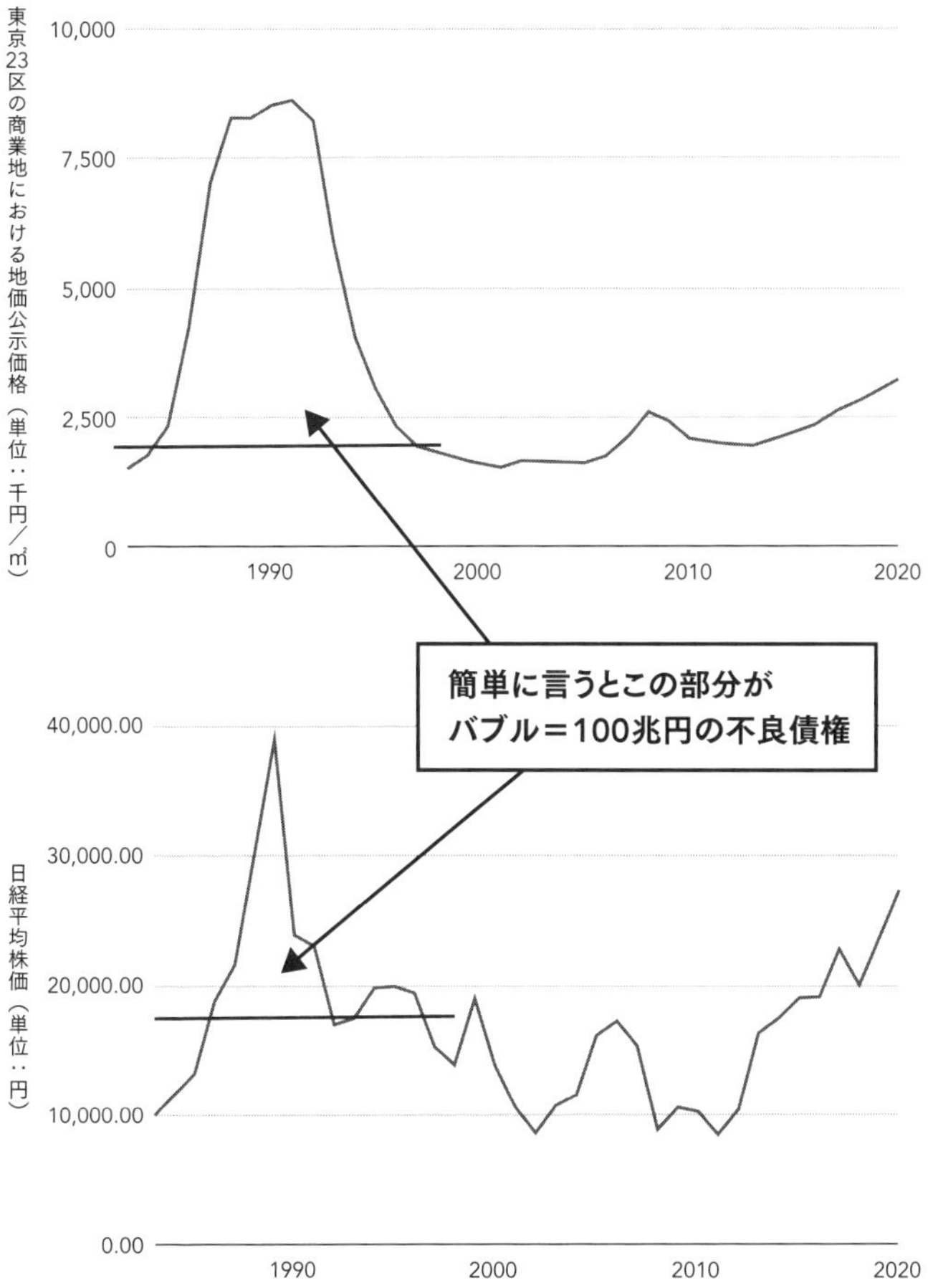

出典：（上）東京都財務局「地価公示価格（東京都分）」、
（下）https://ecodb.net/stock/nikkei.htmlを基に作成

金融機関から見れば融資の元本回収が遅れ、利払いが延滞し始める。最初は融資の条件を緩和したり、返済期限を延長したりしたが、これは貸出条件緩和債権といって当時の大蔵省にその総額を届け出なければならない。また、利払いがない債権や元本の全額回収の見込みがない債権は、不良債権として同じく届け出なければならない。監督当局の目、世間の目、株価を気にしてか、金融機関が半期ごとに発表する不良債権総額は常に過少申告だった。例えば1994年3月期の金融機関側の発表では14兆円だったが、シビアなシンクタンクなどは50兆円以上あるはず、と報じていた。結果的に2000年代まで引きずって最終的に金融機関が処理した不良債権の処理額は、100兆円を超えたといわれている。信じられない数字だ。

しかし、この100兆円が1997年以降、長きにわたりケネディクスの大きな成長に寄与することになるとは、また、世界中の巨大投資家にとって日本での超ビッグビジネスになるとはこの時点では全く想像できなかった。

流動性の回復へ

前述したように、政府が１９９０年に融資の総量規制を発動し、公定歩合を６％まで引き上げ、結果地価が下がり始めたのはよかったものの、同時に不動産の流動性も失われた。流動性を取り戻さないと不良債権だけが膨らんで金融機関が大変なことになると思い、金融機関の救済を目的として１９９３年に共同債権買取機構という組織をつくった。悪化の一途をたどっていた金融機関のバランスシートから不良債権を切り離し、金融機関には本来の前向きの業務に集中してもらう、という趣旨だ。共同債権買取機構は不良債権の最終処理業務（担保物件を売却・処分する）を行う過程で不動産の流動性を回復させようという試み。また、１９９５年には当時の建設省主導で不動産特定共同事業法、１９９８年には「特定目的会社による特定資産の流動化に関する法律」いわゆるＳＰＣ法がつくられ、不動産の流動性の回復への道が開かれ始めた。これにより、日本でも不動産ファンドという米国のビジネスモデルを実践することが可能になっていった。そして米国で流行っている不動産投資信託（ＲＥＩＴ、リート）を早期に日本へも導入しようとの動きも活発化していった。流動性を回復させないとお金が回らない、お金が回らないと経済は活性化しない。おそらく当時の大蔵省と建設省で必死に議論を重ねた結果だったのだろう。

思えば安田信託で実需を掘り起こして仲介手数料を稼ぎまくっていた頃、上記が日本の金融機関・不動産会社を取り巻く状況だった。

「持つ経営」と「持たざる経営」

「持たざる経営」という言葉がこの頃よく聞かれた。よく比較されたのがイトーヨーカ堂とダイエー。どちらもスーパーマーケット（GMS）チェーンの雄だった。イトーヨーカ堂は昔から自社で店舗は持たず、オーナーから長期で賃借して小売事業を行っていた。いわゆる「持たざる経営」だ。一方のダイエーは店舗を自社で保有するのがメインの、典型的な「持つ経営」だった。長期賃借（持たざる経営）だと、例えば20年間の賃貸借契約を結び、3年ごとに賃料を3％アップする、などの規定が当時は多かった。だから不況になって小売売上が減ると賃料負担が重しとなり、結果経常利益が減る。一方、自社保有（持つ経営）だと賃料は発生しないので不況抵抗力は強い。加えて昔から日本の不動産価格は右肩上がりだし、銀行もどんどん貸してくれるから店舗は保有したほうがいい、不動産の含み益も出るし、と考えて次々と保有していく会社も多数あった。結果バブルが崩壊して土地神話は崩れ、小売業だけ見ても持つ経営派だったダイエー、そごう、ヤオハン、マイカル等は破綻した。不動産会社以外にこういう形で不幸にも倒産する会社がたくさんあった。とにかくこの時代は信じられないような倒産が次々に起こった。

世界の優等生だったのに……

世界を驚かせるほどの高度成長を成し遂げた日本の企業は、そのほとんどが「持つ経営」だったように思う。基幹工場とか研究所を持つのはコアビジネスだから当然だとしても、これに加えて本社ビルを持ち、独身寮、家族社宅、保養所までを全国に持ちまくった。特にバブル期、過剰流動性の時にはプール付きの独身寮や社宅、超豪華な本社社屋などを造りまくった。

2000年に破綻した千代田生命は目黒区に立派な本社ビルを構えていたが、破綻後には目黒区が買い取り、今もなお目黒区役所として利用されている。また、蒲田の駅前に立派なビルがあるが、これは桃源社というバブル期に隆盛を極めた会社が造ったビルで、桃源社の破綻後に大田区が取得し、現在も大田区役所として利用されている。

またいくつもの企業は本業とは全く関係のないゴルフ場開発も行った。稼いだお金の投

図2-6　使途別着工床面積の推移

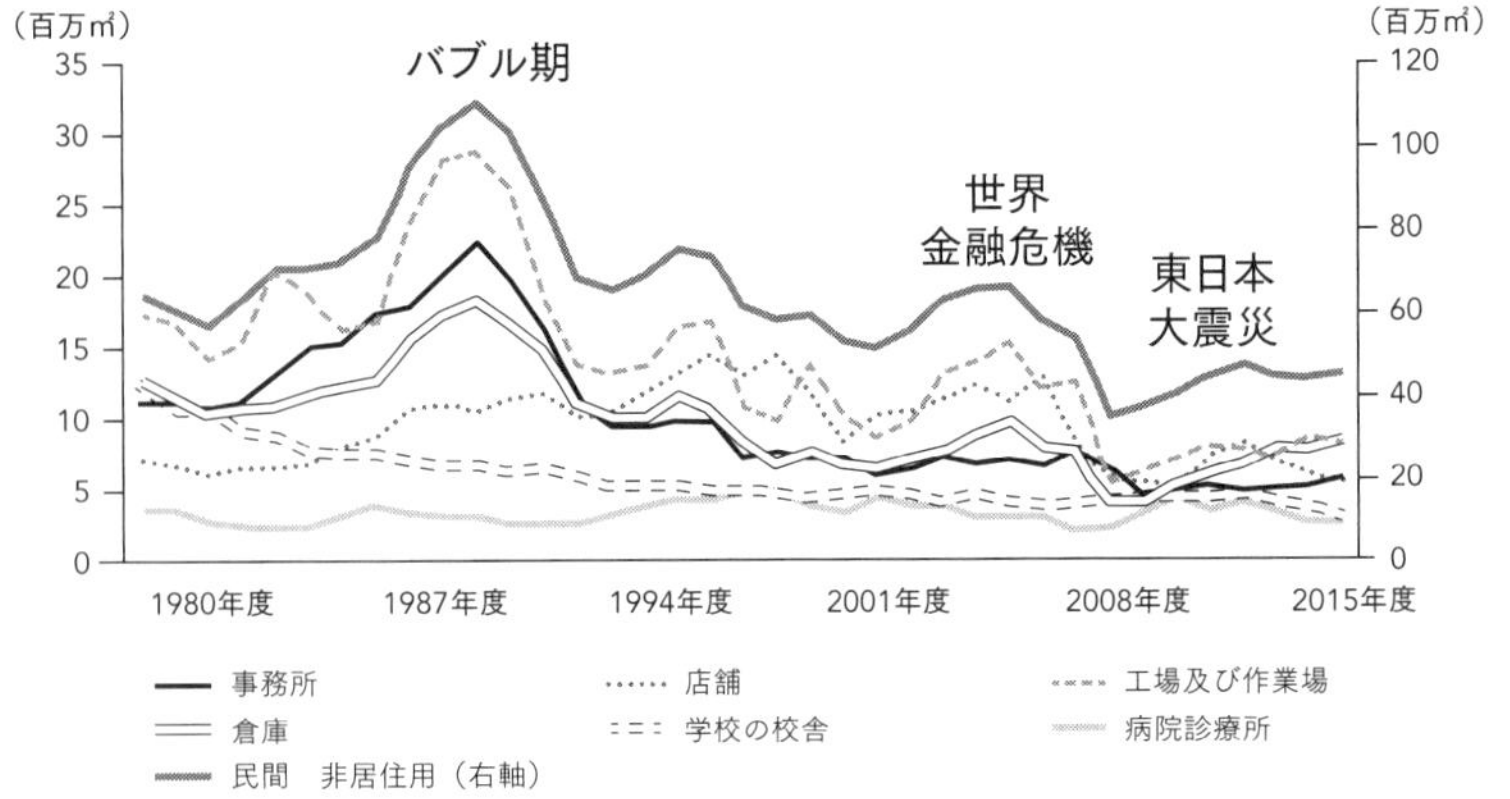

出典：Newspicks.com　「【SPEEDA総研】建築ストック活用で注目のコンバージョン」（山鳥洋、2017/12/16）より
https://newspicks.com/news/2693803/body/

資先を効率的に運用するために証券会社や信託銀行に大量の余資を預け、一任勘定（投資家の委託を受け株式や債券などで資産運用すること）で運用させた。当時「特金」「ファントラ」と呼ばれた金融商品だ。その結果、一時はメーカーの財務部が300億円稼いだとか、総合商社の財務部門が500億円の利益貢献をしたともてはやされた。これらは「財テク」と呼ばれた。そんなこんなで企業のバランスシートは巨大になっていった。しかも、株価も不動産価格も上昇の一途、銀行もこれらの企業にお金を貸し続けた。そんな順張り（株価が上

昇・下降のトレンドにある時にそれに乗って売り買いをすること）は、いつかは終わる。歯車が逆回転し始めた。「持つ経営」から「持たざる経営」へのモードチェンジだ。

状況は全く違うが、当時米国では株主から「早く本社を売却してその資金を本業にがっつり投資しなさい」と言われることが増えていた。そりゃそうだ、大理石をふんだんに使った豪華な本社ビルを建てて安穏としているのではなく、本業の研究開発費の予算を倍増してコアビジネスを伸ばすのが使命でしょう！

国によって景色は違う

一方、不動産の商慣行が日本とは違う国ではこんなことも。例えば香港では40年以上前から日本のデパート、三越、大丸、松坂屋などが進出していた。香港では不動産のオーナーの権限がとても強く、景気動向次第で家賃を30％、40％も値上げ要求できる。一等地に出店していた日本のデパートは利幅が薄いので賃料負担に耐えられず次々に撤退していった。持たざる経営の弱さである。だからグローバルで見ると「持つ経営」「持たざる経営」どちらがいいのかはその国の商慣行によるのかもしれない。

この時代、無念にも倒産した企業の例を次に挙げる。

次ページはほんの一例にすぎないが、とにかくたくさんの有名銘柄が潰れた。なんせ2006年までに100兆円の不良債権が処理されたわけだから。潰れていない企業でもとにかく過剰債務の解消がキーワードで、自動車会社は全国の販売店を売却、石油会社は全国のガソリンスタンドを1万カ所以上売却、生命保険会社や損害保険会社は全国に保有するビルを50棟、100棟とまとめて売却、総合商社は全国の寮、社宅、保養所をまとめて売却、銀行も次々と合併を繰り返し、不要となったいわゆる重複店舗が大量に売却された。

リースバックという言葉がよく聞かれるようになった。販売店やガソリンスタンドなどの事業拠点を売却するものの引き続き使用したいというニーズに対応した、売却後も賃料を払って使い続けるタイプの不動産取引をリースバックと呼んでいる。数多くの企業が保有する本社ビルをリースバック方式で売却し始めた。政府が不動産の流動性を回復するために前述のSPC法を制定したり、匿名組合出資の税制を決めたりといった、さまざまな施策が後押しした。

日本中でバランスシートの大掃除が2007年頃まで何年にもわたって続いた。その過

図2-7　1990〜2018年に倒産した大企業

社名	倒産年月	負債額	業種	倒産形態
恵川	1991年8月	4100億円	料亭	破産
村本建設	1993年11月	5900億円	ゼネコン	会社更生法
日本モーゲージ	1994年10月	5185億円	不動産担保ローン	特別清算
島之内土地建物	1995年3月	2725億円	不動産開発	任意整理
兵庫クレジットサービス	1995年8月	1403億円	貸金業	民事再生法
兵銀ファクター	1995年11月	3692億円	債権保証	特別清算
日榮ファイナンス	1996年10月	1兆円	住宅金融保証	商法による会社整理
クラウン・リーシング	1997年4月	1兆1874億円	総合リース業	破産
ヤオハンジャパン	1997年9月	1614億円	総合小売業	会社更生法
三洋証券	1997年11月	3736億円	証券業	会社更生法
北海道拓殖銀行	1997年11月	2兆3433億円	都市銀行	解散、営業譲渡
山一證券	1997年11月	3兆5085億円	証券業	破産
日本リース	1998年9月	2兆1803億円	各種リース・金融	会社更生法
日本長期信用銀行	1998年10月	約3兆6000億円	長期信用銀行	金融再生法による特別公的管理
日本債券信用銀行	1998年12月	約3兆2000億円	銀行業	金融再生法による特別公的管理
日本ランディック	1999年5月	4708億円	不動産	特別清算
苫小牧東部開発	1999年9月	1423億円	第三セクター	特別清算
そごう	2000年7月	6891億円	百貨店業	民事再生法
千代田生命保険	2000年10月	2兆9366億円	生命保険業	更生特例法
東京生命保険	2001年3月	9802億円	生命保険業	更生特例法
マイカル	2001年9月	1兆3881億円	総合小売業	民事再生法→会社更生法
大日本土木	2002年7月	2712億円	ゼネコン	民事再生法
ハウステンボス	2003年2月	2289億円	観光	会社更生法
足利銀行	2003年10月	1023億円	地方銀行	特別危機管理銀行指定後国有化
エー・シー・リアルエステート（旧フジタ）	2005年11月	3526億円	不動産	民事再生法
麻布建物	2007年6月	5648億円	不動産開発	会社更生法
大和生命保険	2008年10月	2695億円	生命保険業	更生特例法
ロプロ	2009年11月	約2500億円	事業者向け貸金業	会社更生法
日本航空	2010年1月	6715億円	空運	会社更生法
ウィルコム	2010年2月	2060億円	通信業	会社更生法
安愚楽牧場	2011年8月	約4331億円	オーナー制度畜産業	民事再生法→破産
エルピーダメモリ	2012年2月	約4480億円	製造業	会社更生法
カブトデコム	2013年4月	5061億円	不動産開発	特別清算
第一中央汽船	2015年10月	1197億円	海運	民事再生法
タカタ	2017年6月	1兆823億円	製造業	民事再生法
日本海洋掘削株式会社	2018年6月	904億7300万円	海洋坑井掘削業	会社更生法

出典：2020年版　最新ビジネスの波に乗れ！　10年後に発展する企業、廃れる企業（一部データ更新）
https://amphibia-tokyo.com/tousankigyou.php

図2-8 銀行業界の変遷

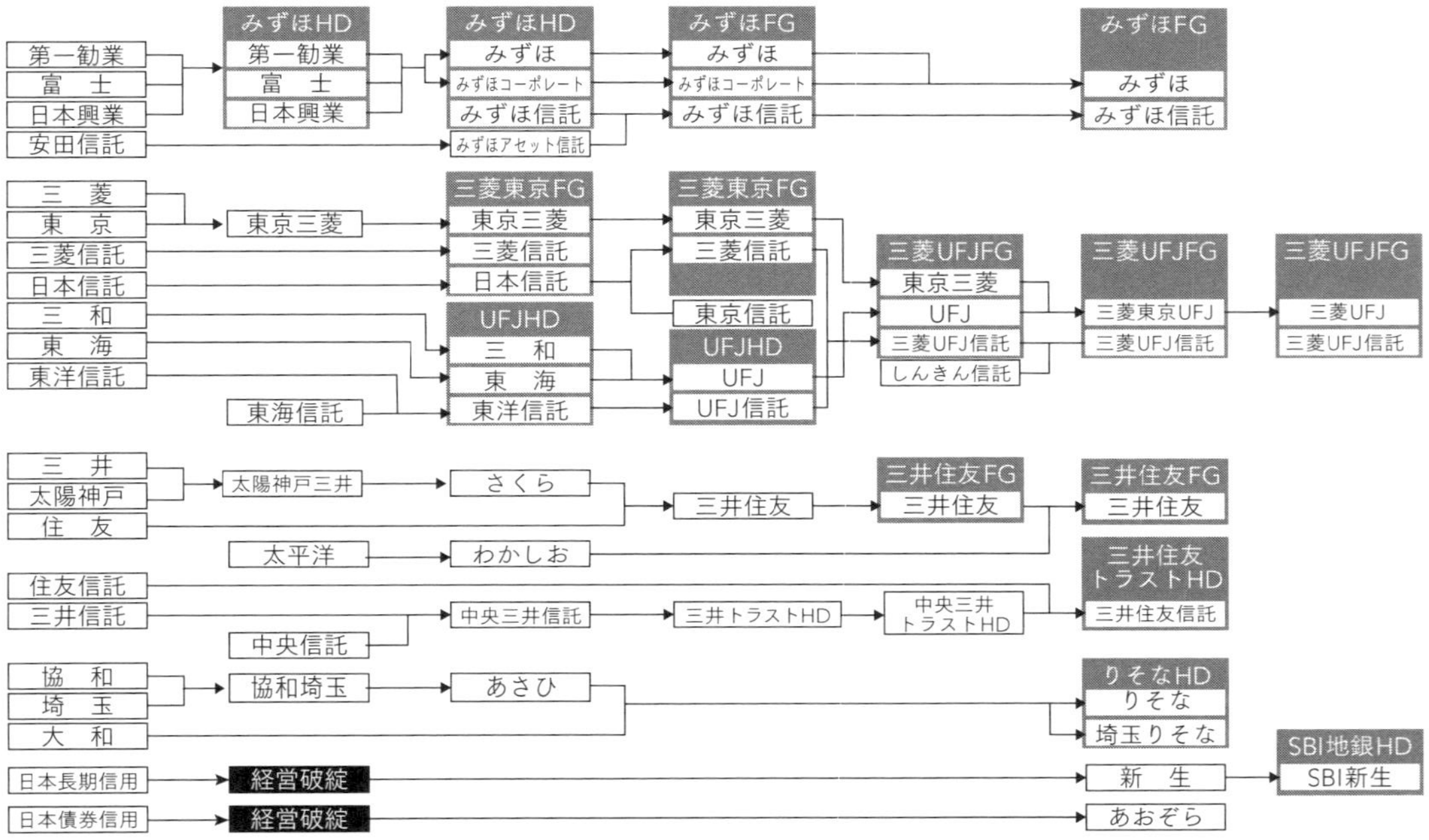
第一勧業
富　士
日本興業
安田信託
みずほHD
第一勧業
富　士
日本興業
みずほHD
みずほ
みずほコーポレート
みずほ信託
みずほアセット信託
みずほFG
みずほ
みずほコーポレート
みずほ信託
みずほFG
みずほ
みずほ信託
三　菱
東　京
三菱信託
日本信託
三　和
東　海
東洋信託
東京三菱
東海信託
三菱東京FG
東京三菱
三菱信託
日本信託
UFJHD
三　和
東　海
東洋信託
三菱東京FG
東京三菱
三菱信託
東京信託
UFJHD
UFJ
UFJ信託
三菱UFJFG
東京三菱
UFJ
三菱UFJ信託
しんきん信託
三菱UFJFG
三菱東京UFJ
三菱UFJ信託
三菱UFJFG
三菱UFJ
三菱UFJ信託
三　井
太陽神戸
住　友
太陽神戸三井
さくら
三井住友
三井住友FG
三井住友
三井住友FG
三井住友
太平洋
わかしお
住友信託
三井信託
中央信託
中央三井信託
三井トラストHD
中央三井
トラストHD
三井住友
トラストHD
三井住友信託
協　和
埼　玉
大　和
協和埼玉
あさひ
りそなHD
りそな
埼玉りそな
日本長期信用
経営破綻
新　生
SBI地銀HD
SBI新生
日本債券信用
経営破綻
あおぞら

程で日本でも不動産投資の考え方、不動産のキャッシュフロー分析やデューデリジェンスの重要性が認識されるようになっていった。欧米の機関投資家、不動産ファンドはこれをビジネス化して、巨額の利益を手にすることになる。もちろんケネディクスもそれにあやかった。不動産ファンドのプレーヤーにとっては２００８年のリーマン・ショックまでは天国が続くことになる。

創業当初のケネディクス
（当時ケネディ・ウィルソンン・ジャパン）
真ん中が本間社長、左が著者

第 3 章

イケイケの時代

本間さんと再会

米国の機関投資家や不動産ファンドの連中は、常に地球儀をくるくる回しながら、次はどこの国が投資のターゲットかを見ている。1980年代後半から日本の投資家にいいようにされ、1992年まではどん底だった米国。日本の投資家は全米の不動産を何千億円も買いまくった。それがわずか数年で今度は日本がやられる番。大手の金融機関、不動産会社、保険会社が次々に潰れていく日本を見て、米国の投資家はこう考えた……。

「よし、これから世界で一番疲弊していくのは日本だ。これからは日本の不良債権処理に参加して大量の資金を投資しよう。不動産価格も暴落するはずだ。不良債権を安く買い取り、不動産も安く買い取る。両方ビッグビジネスになる。日本は必ず復活する底力を持っている国だから、復活した時に転売すれば莫大な利益を享受できる！」

日本の不動産を買い占めようと米国マネーが日本市場に乗り込んできたのは、1997年頃から。最初の頃は水面下だったが実に活発だった。米国は不動産ファンドをテコに参入してきた。投資家のエクイティ（資本）とデット（借入金）を組み合わせたファンドを組成し、これを通して不動産投資をする。オフィスや賃貸マンションなど不動産が持つ収益性を算出し、それに見合った価格を割り出し、不動産を買っていく。戦後の日本で長い間続いた「土地神話」——土地は持っているだけで必ず値上がりする——とは全く別の合理的な考え方だった。

まさに目から鱗《うろこ》で、これが旧来の日本の不動産業界の慣習を変えるかもしれない。そして、「どうだ、やってみないか」とこの新しい不動産ビジネスに僕を誘ってくれたのが、かつて三菱商事に入社した時の上司だった本間良輔さん。この本間さんこそ当時、ケネディクスの前身、ケネディ・ウィルソン・ジャパンのトップだったのだ。

1998年6月、ケネディ・ウィルソン・ジャパンへ

1997年、久しぶりに再会した本間さんから話を聞いた僕は、「銀行で悠長に仕事をしている場合じゃない」と、いても立ってもいられなくなった。三菱商事を辞めて安田信託銀行に転職した時には、骨をうずめる覚悟だったのだが。本間さんによれば1、2年のうちに何千億円という不動産投資マネーが米国からやってくるということだった。そのためケネディ・ウィルソン・ジャパンのトップである本間さんは、日本の不動産市場で投資

本間良輔氏と著者（2010年頃）

先を探していた。

本間さんによれば、「日本にとってここが勝負時。日本は必ず復活するのだから、不動産を買うなら今だ」。まさに黒船の来航だった。

僕は安田信託銀行の上司に掛け合った。「不動産ビジネスが劇的に変わる時代になる。信託銀行にとっても正念場となる。米国流の手法を学ぶのは今しかないので、ケネディ・ウィルソン・ジャパンにぜひ出向させてほしい」。2年間限定ではあったが、出向できることになった。1998年6月のことだった。

ケネディ・ウィルソン・ジャパンで

は毎日が刺激的だった。当時の日本の不動産オーナーのほとんどは「土地は必ず上がる」と信じ込んでおり、「外国人に不動産を売るなんてとんでもない」「自分の目の黒いうちは不動産は絶対に売らない」とかたくなだったが、「不動産を手放すなら今しかない。後で必ず後悔しますよ」と説得していった。こうして出向中の2年間でこの日本の不動産業界の常識を破壊していった。

社員1万5000人の三菱商事から5000人規模の安田信託へ転職、そして社員4人の会社に出向したわけだが、もう出向元の安田信託に戻る気はなくなっていた。そこで、「米国流の不動産ファンドを日本で立ち上げたい」と退職を願い出た。ところが即座に却下され、役員と何度も折衝を重ねることとなった。最終的にはケネディ・ウィルソン・ジャパンへの転職が認められたが、「米国不動産ファンドで得たノウハウは優先的に当行の若手社員に伝授することが条件」と、顧問契約を締結することになった。

黒船襲来、不動産ファンドビジネス始まる

新しい職場では、毎日が刺激的だった。投資家から「出資」という形でまずお金を預か

って、銀行からも「融資」を受け、不動産を購入する。そしてその不動産の面倒を見ながら必死に不動産の価値を高める。これが第1章で詳述した資産運用（不動産アセットマネジメント）という仕事である。

例えば、一等地に100億円でビルを買い運用したいという投資家がいたら、必死に物件を探す。ビルが見つかると次にそれを買った後にどう価値を高めるかを考える。1階が目立たない居酒屋だったら、スターバックスのようなもっと高い賃料を払えるお洒落なカフェにする。1階が繁盛店になるとビルに活気が戻り2階以上のオフィスの賃料も上がる。このようにしてビルが〝稼ぐ力〟を底上げし、キャッシュフローを増やしていく。

その一方で、できるだけ出費を減らしていく。管理会社の管理費が高ければ入札をかけ、サービスのレベルを下げることなく安く請け負える管理会社と入れ替える。その結果、手元のキャッシュが増え、このビルはより一層、〝儲かる不動産〟に生まれ変わる。

こうした仕事を通じて資産運用会社（不動産アセットマネジメント会社、不動産アセットマネジャーともいう）は「4つの報酬」を得る。まず、買った時にもらう取得報酬。次に、買ったビルを管理・運用することに対する報酬。3つ目は、何年か後に価値が上がり売却した時の処分報酬。さらに、計画よりも高く売れた場合の成功報酬。これらを手にできる。

つまり、儲かる不動産を探しだして仕立て直し、売却し利益を得る。これで成果を出せれば、運用した側はそれなりの報酬を要求し、投資した側もそれに応じる。これが当時、日本にはまだなかった米国流の不動産投資の考え方だった。

こうして、日本の不動産市場参入を狙う米国の投資家の水先案内人としての仕事が始まった。

アセットアンダーマネジメント(AUM)

1998年から99年にかけて初めて買った川崎の100億円のビル。今日のケネディクスの礎となった案件で、ここからすべてが始まった。本書の第1章「初めてのアセットマネジメント業務」で詳述した案件である。

当時、日本経済はどん底の状態にあった。銀行が開示する不良債権額はあっという間に30兆円を超え、それをいったんバランスシートからはずす、いわゆるオフバランスした「不良債権処理金額」は2001年には60兆円を超えた。その多くは不動産が担保だったので、処理されるべき不動産は膨大なものだった。磨けば光るオフィスビルやホテル、商業施設

図3-1 **不良債権処理額の累計推移**

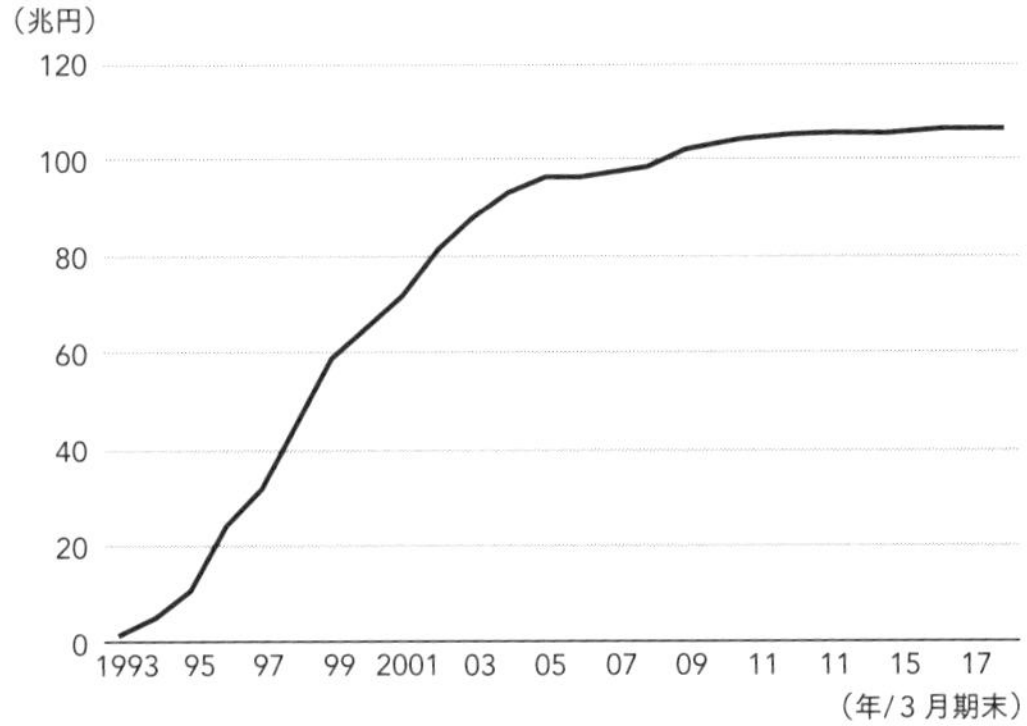

不良債権は、貸倒引当金繰入額と直接償却の合計。1992年以降の累計額

出典：金融庁

などは山のように売りに出ていた。黎明期の不動産ファンドはこういった担保不動産や不良債権そのものを一定のディスカウントプライスで買い始めていた。僕たちも海外の投資家を呼び込んで、次々に買収していった。

運用資産残高を示すAUM（アセットアンダーマネジメント＝Assets Under Management）という指標がある。これはビール会社でいえば、何億リットルのビールを売ったか、自動車業界でいえば年間何台の車を世界中で売ったかといった数字。1998年に僕たちがファンドを始めた時にAUMはゼロ、日本でもほぼゼロだった。

図3-2　不動産ファンドマーケットのAUM（受託資産残高）

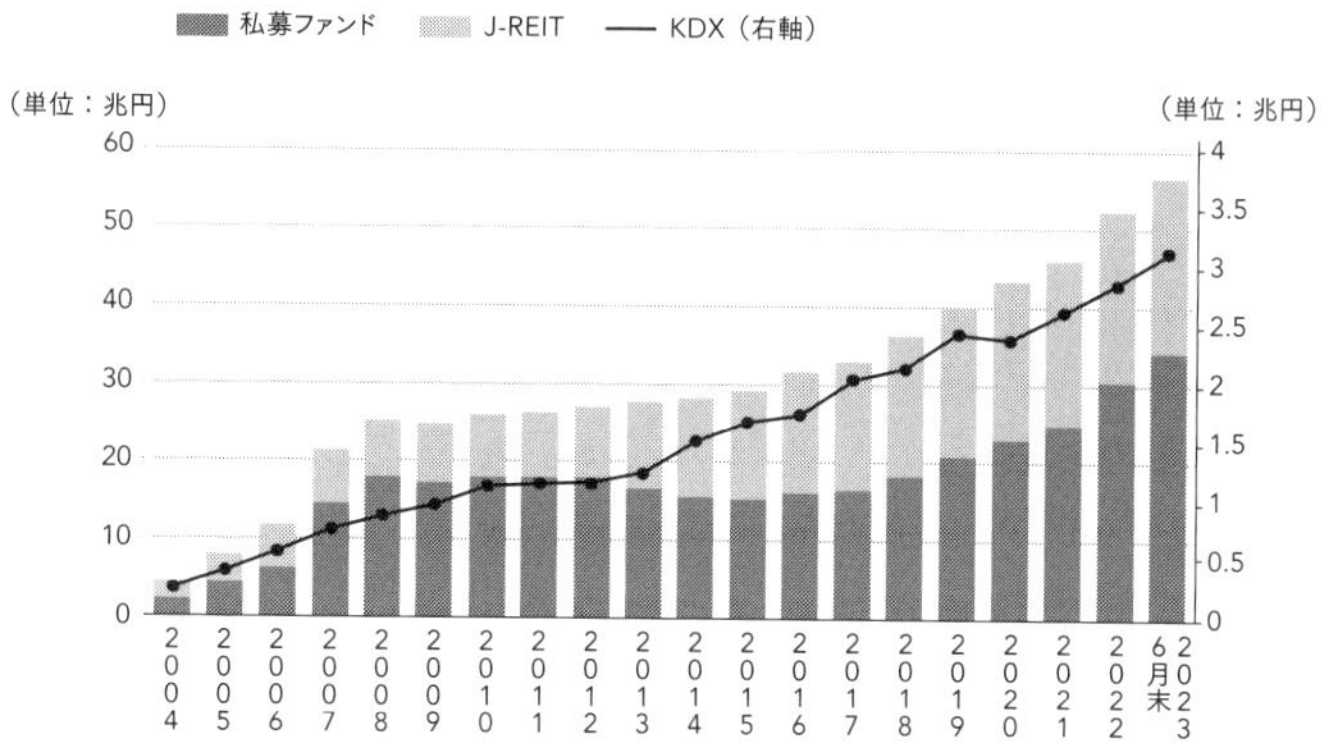

前述の川崎のビルの取得がケネディクスとして初めてのＡＵＭで、１００億円だった。ところが２０００年頃から不動産ファンドビジネスが一挙にブレイクし始め、ケネディクスのＡＵＭは２０１０年に１兆円を超えた。そして２０１７年には２兆円を超えていった。

バブル経済が崩壊したことで「土地は上がる」という神話は幻想に変わった。経営に行き詰まった企業や金融機関がリストラを加速させるとともに、１９９０年代後半からは不動産を次々に売却していった。それを買い進めたのが海外の不動産ファンドだった。当時隆盛を極めたファンドはゴールドマン・サックス、リーマン・ブラザーズ、モルガン・スタンレー、メリルリンチ、サーベラス、ローンスターなど。米系の錚々《そうそう》たるメンバーだった。米系のモデルを真似ていくつものベンチャー企業も誕生した。クリード、ダヴィンチ・アドバイザーズ（現・ＤＡホールディングス）、ＰＭＣ（パシフィックマネジメント、後にパシフィックホールディングスに商号変更）など。ケネディクスの競合相手だった。

日本全体で見るとＡＵＭは２０００年頃から急拡大が始まった。２００７年には20兆円超に成長、２０２３年現在は50兆円以上にもなっている。私募ファンドと不動産投資信託（ＲＥＩＴ）がこの市場を二分しており、ケネディクスは市場全体の約５％のシェアを維持し、この流れに歩調をあわせる形で成長していく。企業や金融機関が不動産を手放すと、それらをまとめて買い占めを進めていった。

１９９７年に北海道拓殖銀行と山一證券が破綻した。２００１年頃には小泉政権が構造改革に着手し、過剰債務に陥った企業を淘汰することで日本経済の立て直しを図っていく。２０００年に大手百貨店のそごうグループ、２００１年には準大手ゼネコンの青木建設が経営破綻するなど、大手企業が相次いで倒産した。

銀行や保険会社は倒産するわけにはいかないため、次々に合併していった（86ページ図２

―8参照)。合併により全国の営業所や出張所が重複するので、50カ所、100カ所といった単位で売りに出る。ケネディクスは時流に乗り、これを安くまとめ買い(バルク買い)していく。米マスミューチュアル生命保険(後に日本生命が買収)の全国50カ所の営業所、安田火災海上保険(現・損保ジャパン)の保養所や寮など全国50カ所を買った。

早朝3時まで仕事をして帰宅し、朝8時には出社し昨日の仕事の続きをするといった生活で寝る間もなかった。当時、ケネディクスの本社は新橋2丁目にあったので、「新橋の不夜城」と自称していた。今ならブラック企業の典型だろう。それでも面白くて仕方がなかった。

当時、企業や金融機関は手持ちの不動産を投げ売りするように売っていた。現在では信じられないほどの安い価格で不動産を購入できた。その頃の投資家の期待利回りは東京で7~8%だったが、これをクリアできる物件はいくらでもあった。札幌などの地方都市では利回り15~20%の物件も多かった。

不良債権のビジネスモデル

現物不動産を買って価値を向上させ売却するビジネスモデルについては、第1章で説明した。一方、不良債権を金融機関から大量に買い取って利益を生み出すビジネスモデルがあり、これについて簡単に触れておく。現物不動産では「買えば自分たちの手の内」となってバリューアップできるのに対して、不良債権の場合は自分たちが銀行に代わる新たな「債権者」として担保不動産を保有している債務者を説得し、その担保不動産を売らせる、というところが大きな違いだ。

1. 金融機関（銀行、ノンバンク、生保）が貸し手となり、不動産会社、ノンバンク、ゴルフ場、ゼネコンなどに対する貸付債権（多くの場合は不動産を担保に取っている）について、借り手企業が金利を払えなくなったり、元本を約定通り返済できなくなった。理由は金利の高騰、融資の引き締め、それらによる不動産の流動性の低下、不動産価格の下落。今まで転売できていた不動産が融資の総量規制や国土法等の規制によって転売できなくなった。よって返済原資が足りない。不動産市場が一挙にネガティブ・スパイラルにはまる。

2. 金融機関は金利が払われる見込みがない、元本が返済されそうもない債権（不良債権）を大量に抱え込むことになった。

3. 一件一件、借り手と話し合って、担保物件を処分してもらい、返済してもらうのが平常時の原則。しかしこの時は異常時になりつつあったので、何万件もの担保物件をいちいち借り手と話し合って解決していく時間はない。そんなことをしているうちに担保価値がどんどん目減りしていったら、それこそ大変なことになる。

4. 以下は架空の事例。ある金融機関は、不動産会社5社にあわせて1000億円貸していて、担保物件は200件。こんなのを一つ一つ回収する時間も人手もない。米国の投資ファンド4社に声をかけて、入札を実施。「不動産担保付き債権」として債権を一括売却しようと考える。

5. 入札の結果、一番札は米国のABCファンド。買値は300億円。しかし銀行が何年もかけて担保物件200件を一つ一つ売ったとしても最大回収額はせいぜい350億円。しかも何年もかけている間にさらに担保価値が目減りするかもしれない。だとすれば今、700億円の損失を出して、一括で米国のファンドに担保付き債権を売ってしまおうと考えるのは経済合理性にかなう。

一方、買い手のＡＢＣファンドから見ると、

6．２００件一つ一つ丁寧にデューデリジェンスした結果、うまくいけば４３０億円くらいの回収見込み。日本の銀行に対しては開き直って金利も払っていなかった借り手たちを調査した結果、何社かの考え方がわかる。「どうせ銀行は強硬な手段には出てこない。かつては銀行が『どんどん貸しますから』というのでいろいろな不動産を買ったけど、状況が変わったからって『返せ返せ』はないだろう。今まではちゃんと金利も払い、元本も返済してきたけど、今や俺たちの経営も苦しい。であれば、金利も元本返済もしばらく銀行には我慢してもらおう。だってしょうがないよ、環境が激変して、今無理やり売っても半値にもならないだろう。だからといって銀行は俺たちの会社に対して債権者として破産を申し立てることはないだろう」――こんな感じだった。だから、金利は払っていなくてもそこそこのお金（生存資金）はあった。

7. 銀行から額面1000億円の債権を300億円で購入したら、まず、借り手に対して債権譲渡通知なるものを内容証明郵便で送る。不動産ファンドだから、債権を購入するのはSPC（特別目的会社）である。SPCはケイマン諸島の国籍（タックスへイブン）が通例。だから、借り手から見れば、新しい債権者はケイマン諸島の会社、長いカタカナ名の会社になる。銀行となあなあでやってきた借り手にとっては聞いたこともないカタカナの新債権者は恐怖。わけわからん！

8. 島国ニッポンの借り手は「これは黒船か？　なんかやばそうだな。とりあえず、延滞している金利を今手持ちの現金であるだけ振り込んでおこう」となりがち。ABCファンドの予想通りになる。

9. ABCファンドの日本人社員が借り手の会社を訪問。「新しい債権者です。無理な取り立てはしませんが、とにかくお金がある時には必ず払ってくださいね。あと、売りやすい担保物件から売っていきましょう。早く行動しないと米国の親分に怒られますので。我々もできる限り協力します」などと言いながら、じわじわと懐柔する。

10. そうやって担保物件を2年くらいかけて丁寧に売っていると、その間に日本の不動産マーケットも少しずつ上向いていって、締めてみると、当初もくろんだ430億円の回収目標が450億円に上振れたりする。こうやって300億円で買った債権の担保不動産を一件一件売って450億円を回収。150億円の利益（もともと債権の売り手だった銀行は2年前に700億円の損失を計上済みで、数年後にABCファンドが何億円儲けようと関係ない。バランスシートに計上されている不良債権の絶対額を早期に減らすことが最重要課題だったわけだから。別の言い方をすると、銀行は150億円払って債権回収のための膨大な手間と時間を買ったということになる）。

11. しかし、借り手のほうは1000億円借りていたのに、450億円しか返済できていない。残債務550億円はどうなるんだろう？　ABCファンドは残債務550億円を放棄してくれたわけではないし、仮に放棄してくれたら借り手としてはありがたいけど、債権放棄は贈与とみなされて、受贈益が大量に発生して、その税金は払えない。

12. ABCファンドは「社長の奥様に法人設立してもらい、そこに残債の550億円の債権を買ってもらいましょう。我々は100万円で譲渡しますよ。そうすれば離婚でもしない限り、永久に550億円を返済しろと言われませんよ」という感じ。米国ではこれはDPO（Discounted Pay Off）という。ある意味合法的な処理方法だ。

13．逆に言うと、もし借り手が担保物件の売却に難色を示したら、「最後は残債があってもＤＰＯしてあげますから、売りましょう」というのが殺し文句になった。

以上が不良債権ビジネスの典型的なビジネスモデル。しかし、最初は借り手も「黒船」に対してある程度従順だったが、そのうち反社会的勢力と組んで、ファンドの事務所に銃弾を郵送したり、多くのブラックメールを送りつけたり、街宣車を走らせたりして担保物件の売却に抵抗した。邦銀は１００兆円もの不良債権をいろいろな形で処理したが、いったいどれくらいの量が上記の形で処理されたのだろうか。

大阪で52棟まとめ買い

１００兆円もの不良債権を処理していく中で、破綻系不動産会社といえば、関東では「ＡＩＤＳ」、関西では「ＦＯＫＡＳ」とよく週刊誌等に書かれていた。関東のＡＩＤＳとはＡ＝麻布建物、Ｉ＝イ・アイ・イ・インターナショナル（第2章の冒頭に出てくる会社）、Ｄ＝第一不動産、Ｓ＝秀和。いずれも1兆円以上の負債で破綻。関西のＦＯＫＡＳは、Ｆ

＝富士住建、Ｏ＝オギサカ、Ｋ＝川辺物産、Ａ＝朝日住建、Ｓ＝末野興産、といった超大口の債務者。富士住建は今でも存在するが、それ以外はすべて破綻した。

不動産会社に限らず、金融機関、保険会社、小売業、商社、メーカーの合併や破綻は、ものすごい量の全国の不動産をバルクで提供した。それをまるで墓場のダンスのように貪《むさぼ》る。ファンド業界はダンスを踊り続けた。

この中で関西のＳ＝末野興産の事例を取り上げる。

１９９１年、銀行主導で共同債権買取機構という不良債権の受け皿会社が新設され、各金融機関がオフバランスしたい不良債権を大量に売却した。さらに１９９９年には不良債権の抜本的な処理をするために政府主導で整理回収機構（ＲＣＣ）を設立。これによって、銀行の見かけ上の不良債権額を減らす（オフバランスする）だけでなく不良債権の担保物件の「最終処理」が始まった。

そんな中の一つがマッセ・バルク案件。関西で最も有名だったバブル紳士の末野謙一氏がつくった不動産会社、末野興産が２００棟以上のビルを抱えたまま破綻したのだ。裁判所から選任された更生管財人がマッセという社名に変更。ＲＣＣ大阪にとっては最大債務者の一つであり、マッセから最大限の回収を図ることが最重要任務だった。２００棟のうち、１００棟以上あったミナミのバービルを順次処分し、２００２年には保有資産はオフィスビル16棟と賃貸住宅36棟の52棟にまで圧縮されていた。そこで管財人はこの52棟を入札方式によって、腹をすかしている米国ファンドに一括売却して更生計画を終了することをもくろんだ。

入札に呼ばれたのはケネディクス含めて3社。ケネディクスは２０００年以来スポンサー（投資家）をやってもらっている米国穀物メジャーのカーギルジャパンに相談したところ、もう1社別の投資家を連れてきて共同で取り組むことになった。２カ月間で52物件のある程度の価格査定を行い、応札しなくてはならない。２００２年の大阪の夏はことさら暑かった。

驚愕したのは52棟全部が違法建築物件であったこと。ファンドビジネスを始めてから4年の間、米国のコンプライアンスにのっとり、デューデリジェンスをやり、違法物件には投資していなかった（もしくは違法部分があっても修復できることを確認して買っていた）。それが今回は全部が違法だ。

一方では、うまく立ち回ればものすごく儲かりそうな「金の匂いがぷんぷん」する案件。当時東京と大阪では不動産の商慣行はものすごく違った。東京には違法物件はそれほど多くないが、大阪にはものすごい量がある。地元の不動産会社何社かに「違法物件でも売買されるのですか？　流動性はどれくらいありますか？」などとヒアリングして回った。その結果、違法の程度によっては融資する金融機関がいくつかあることがわかった。例えば、容積率が法定の20％オーバーまでの違法物件なら融資可能、など。東京ではあり得ない商習慣なので非常に興味がわく。

ハード面はそんな感じだが、ソフト面——入居テナントも通常のデューデリジェンスでは引っかかる連中がたくさんいた。反社勢力、右翼、元組長、二号さん、デリヘル拠点として使用している等々……。違法度合いとテナントの汚染度合い、米国のコンプライアンスがどこまでこれを許容できるか？　そんな驚愕の事実が次から次へと出てくる中、一応入札に参加した。内心、こんな汚染物件シリーズ、果たしてやってよいものかどうか迷いながら。幸か不幸か１５０億円で一番札で落札。こうなるともう危険を冒してでもアセットマネジャーとしての任務を投資家のために全うしなくてはならない。２００２年10月末のクロージングまでにしっかりデューデリジェンスをしなくてはならない。

１５０億円のうち90億円はオリックスからノンリコースローンで調達し、エクイティの60億円はカーギル：レーサムリサーチ（現・レーサム）：ケネディクス：オリックス＝４：

4：1：1の割合で拠出することが決まった。入札に負けたライバルファンドの担当が、「せっかくエンジニアリング・レポートなど、いろいろ準備したのに入札に負けてしまった。このレポート一式買い取ってくれないか？」と打診があり、時間もない中、それらを安く買って一助にした。

違法度合いは興味深かった。当初の建築確認図面では道路境界から4メートルセットバックして建物があるはずなのに、現地に行くと、どう見ても2メートルしかセットバックがない。少しでも大きいものを造れば貸す部分が増えて、ビルのキャッシュフローが大きくなる。だからセットバックは小さく、建物は大きく。別のビルでは図面上は11階建てのはずが、13階建てになっている。これも構造上の問題がなければ、貸せる面積を大きくする常套手段。消防法上の問題も多く発見。市の建築局や消防署ともずいぶん打ち合わせを重ねた。しかし大半の違法部分は物理的な修復は不可能なので、例えば12階と13階の貸室は空室にし、玄関ドアを撤去してそこをコンクリートブロックで塞ぐようにし、建築基準法通りの面積しか貸し出さないようにするとか、避難階段が足りない場合（二方向避難ができない場合）は各貸室に避難用の梯子（「オリロー」という商品名）を設置するとか、いろいろな細かいことをやった。

信託銀行には違法物件やテナント汚染物件は信託受託してもらえない。しかし、この52棟150億円は登録免許税だけでも7億円もかかる。これを信託方式にできると信託登記費用を7500万円に抑えられる。早速当時のUFJ信託銀行（現・三菱UFJ信託銀行）に打診。信託が違法物件の信託受託に協力してくれれば、RCC大阪の債権回収額は6億円以上増える。そもそもRCCは税金投入しているので、国民の血税を6億円も節約できる、などと強引に説得した。当時大阪では信託方式を使った不動産の売買はほとんど事例がなかったが、更生管財人マッセの代表弁護士が大阪地裁を見事に説得してくれた。こうして2002年10月末になんとかクロージングまでこぎつけた。

ローン期限1カ月前に売却完了

ゲームプランとしては、表面利回り*18％で取得した52棟を、3年間かけて表面利回り13％で売り抜ける。ローンの期間も3年だから、違法物件とはいえ3年間で52棟売らなくてはならない。

それにしても52棟もあると賃貸借契約の数（テナントの数）だけでも2600件近い。東京からの遠隔操作では無理な件数だ。そこで、ケネディクスは大阪営業所を開設、東京からアセットマネジャーを2人送り込むとともに、売主であるマッセからも従業員が3、4人来ることになり、大阪でアセットマネジメント業務を始めた。東京から行ってもらった片山慶三が営業所長となり、売主マッセの隊長だった花岡さんや若手の坂本君にも来てもらった。昨日までの売主が今日からは買主のアセットマネジメント業務を手伝うという面白い構図。でも、物件のことを一番よく知っているのは彼らだ。それとデューデリジェンスを速攻でやってくれたアセット・ワン（ケネディクス関連会社）大阪支店の上薗有一郎君にも来てもらった。彼は物件売却のチーフだ。52棟はすべて彼の差配で売却していくことになる。こうして大阪営業所が始動した半年後、いよいよ物件売却が始まった。

本当に違法物件が売れるのか、不安だったたが、そこは商習慣の違う大阪だった。四国の銀行の大阪支店とか、地元の地域密着型の信金、信組が物件を買いたい人（個人投資家や余資運用したい会社）に寄り添ってしっかりと融資をしてくれた。いろいろな属性の買主とも

＊表面利回り（グロス利回り）とは、不動産の年間収入を購入価格で割って計算する利回り。これに対して実質利回り（ネット利回り、ＮＯＩ利回り）は年間収入から年間の総経費を差し引いた金額を購入金額で割って計算する利回り。

知り合えて、それはそれで非常に面白かった。記憶している限り買主は大阪が中心だが、大阪以西の、兵庫、島根、福岡などの買主、個人投資家も多くいた。神戸の資産家の親子は、母親と息子で物件を取り合っていたのが面白かった。この親子だけで10棟以上買ってくれた。

不良債権物件は環境の急変（主として金融環境の悪化）のために所有者が経営に行き詰まって売る、あるいは債権者に「売らされる」ものなので、えてして売買妨害が入りやすい。例えば銀行が10億円融資しているが、今やその担保物件は3億円の価値しかない。銀行は7億円損するのをわかっている。しかし、今売らせて3億円だけでも回収しないとさらに価値が落ちたら大変だ。一方、売主としては売っても1円も残らず、3億円全額銀行に持っていかれるのはわかっている。どうせ売るのなら多少でも実入りが欲しい。だからあの手この手で売却を妨害してくる。例えば反社会勢力のテナントをわざと入居させておく。いざ買主が現れた時にこう言う。「物件を買いたくても、このテナントがいると買えないでしょう？　いくらか払ってくれれば私が退去させますよ」みたいな手を平気で使ってくる。売主は債権者である銀行に「売却コストとしてテナントの立ち退き費用が１０００万円かかるので銀行の回収額は２・９億円になる。それでもよければ売却に同意します」と説明する。

マッセ案件はすでに我々の差配の下にあったので、旧所有者による売買妨害の恐れはない。2005年初頭には40棟近く売却完了していた。ローン期限の2005年10月までに残りが売れればゲームは無事終了する。一方、元オーナーが年末に刑期を終えて出所するという噂。理屈上は今さら妨害なんてあり得ないのだが、こっちはなんとなく不安。売却ピッチを少し上げて、遂に2005年9月に52棟目売却完了。ほっとした。

買収金額が150億円、売却総額は230億円だったので、オリックスにはノンリコースローン90億円を無事に返済できたし、60億円拠出した投資家4社には140億円もの配当を達成できた。もちろんケネディクスは多大なインセンティブ報酬を受け取った。

やんちゃプレーヤーも認めてもらえた

2001年9月、日本で初めての不動産投資信託（リート）が上場した。三井不動産系、三菱地所系、三菱商事系、東京建物系と、さまざまなリートが上場し始めた。最初はオフィスビルと商業施設を組み入れたリートが中心。不動産の流動性が徐々に回復し始めた頃だ。当時のイメージは、リートは財閥系不動産会社を中心とした大人の世界、いわば「紳士的なプレーヤー」。安定配当は享受できるが、大きいアップサイドは期待しない商品。一方で、ケネディクスを中心とする外資系の不動産ファンド（この時点で10社以上は上陸していた）は安く買ってバリューアップ（価値向上）して高く売るという、いわば「やんちゃプレーヤー」。投資家は高いリスクを受け入れる分、うまくいけば高いリターンを享受できる。

そんな「やんちゃプレーヤー」にも日本の機関投資家や大手企業が少しずつ興味を持ち始めた。２００１年に住友生命から思いがけずお声がけをいただき、同社が１００億円を出資するからノンリコースローンとあわせて３００億円分、少しだけやんちゃに都内オフィスビルを取得しましょうという。初めての試みに狂喜した。20人にも満たない小さなアセットマネジメント会社が組成するファンドに住友生命が１００億円も出資してくれるのだから。

２００３年になると今度は三井物産から資本業務提携の話が持ち込まれた。同社は総合商社の中ではもともと物流事業に強く、日本で初めての物流リートを上場させたい、そのためにはケネディクスのアセットマネジメントスキルが必要だという。ケネディクスの株主にもなってもらい、また、物流リート用の合弁会社も設立して結果的に２００５年、日本初の物流施設特化型リートを上場させた。初めて「紳士的なプレーヤー」の世界にデビュー。ちなみに同じ２００５年にはケネディクス単独でも総合型のケネディクス・オフィス投資法人も上場させた。

株式や債券の投資家と同じように、不動産の投資家にもさまざまな嗜好がある。以下、その例を紹介。

1．リスクリターンでいうと――「高めのリスクを取る代わりに高めのリターンを狙う。期間は短め」「リスクは低めに抑えてもらうが、その分リターンは低くてもよい。期間は長め」。

2．投資エリアでいうと――「東京の不動産だけに投資したい」「地方にもチャンスがありそうだから資金の20％まで地方投資で儲けてほしい」。

3．アセットクラスでいうと――「大型のオフィスビル限定」「小型のオフィスビル」「賃貸住宅」「郊外型の商業施設」「銀座、原宿などの都心の商業施設」「物流施設」「ホテル」、あるいはこれらの組み合わせによるファンドなど。

上記1、2、3について投資家とアセットマネジャーとで協議を重ね、目指すべきポートフォリオ像を作り込み、投資を開始する。

カーギルから学んだもの

カーギルという米国の会社がある。ミネアポリスに本社を置く、米国では誰もが知っている世界最大の穀物メジャーだ。日本でも古くから穀物、果物、肉などのビジネスを展開している。本業で生み出された余資を使って日本の不動産、不良債権ビジネスに1997年から参入していた。ジョー小泉さん率いる精鋭の投資部隊である。

同社のインベストメントマネジャーである早水和徳さんを訪ねた。いわく、中型〜大型のオフィスビルは誰もが狙っていて、物件取得競争もある。利回りも5〜6%と低い。しかし、小型のビルは東京に一番たくさんあって、投資機会もアップサイドも大きい。利回りで7%以上でも取得できるはず。こういうビルをたくさん買いたいので手伝ってほしいと。いわゆる「ペンシルビル」である。

間口は10メートルあるかないかで、鉛筆を立てたように見えるのでペンシルビルといわれていた。神田界隈、田町、芝公園界隈、浅草エリアなど、その昔、木造平屋や2階建ての商店がたくさんあったエリア。1980年代のバブルの頃、こういう商店に銀行や不動産会社がやってきて、「10階建てのビルを造りましょう。お金は貸します。1階は従来通り商店、2階から9階までをオフィスとして貸します。そして最上階10階は住居にするので住むこともできます。借金の返済は2～9階のオフィステナントさんからの賃料で十分支払えます」と口説く。こうして都心にはおびただしい数のペンシルビルが誕生した。

しかし、バブルの崩壊でオフィステナントが退去、賃料が激減、長期プライムレートも8％まで上昇、利払いも元本返済もできずに不良債権化していく。不動産会社がつくり出した不良債権とはまったく違う生成過程をたどった不良債権が山のようにあった。これを徹底的にターゲットにするというのだ。これは面白い。早速候補物件がいくつか出てきた。

アセットマネジャーの重要な仕事として、物件のキャッシュフローを予測しなくてはならない。――現在の賃料がこの水準だと、4年後には3％は上げられるだろう。このテナントは成長企業だから次回の更新時は手狭となって退去するだろう。その場合、次のテナントを見つけるまでには5カ月はかかるだろう。ビルの管理コストはあと10％くらい下がるだろう。神田界隈の空室率が10％だから、このビルも当初の2年間は10％の空室損を見ておこう。――これらを加味したキャッシュフロー一覧を5年間分作成する。そして5年目の終わりに物件を売却したと想定して投資から売却までのＩＲＲ（総合利回り）を算出する。

ところが今は利回り7〜8%で買えるのはわかっているけど、5年後にいくらで売れるかなんて想像がつかない。ここが不思議というか、すごいというか、カーギルの連中は「売却価格は利回り5・5%の収益還元価格で入力しておいてくれ」という。実際にはそうならなかったら5年後にはどうなるんだろう？　その間に支払ってもらったアセットマネジメントフィーを返却しなくてはならないのか？　まあ売却の時期が来たらその時考えるか！　今はとにかく7〜8%で買うことに集中しよう。何十棟買っただろうか。

そしていよいよ一発目の売却の時期が来た。驚いたことにその時には市場環境は改善し、キャッシュフローも改善し、ペンシルビルが5・5%の利回りでどんどん売れたのだ。驚愕。インセンティブ報酬も毎年たくさんもらった。米国の投資家の先見性には本当に脱帽した。

不動産のどん底↓少しずつ流動性が回復↓不動産ファンドのビジネスモデルに興味を持つプレーヤーが増える↓不動産の取得競争が始まる↓不動産の値段が上がる↓首都圏のみならず地方都市にも投資機会を求める↓日本全国ファンドバブル――こういう流れだった。滅茶苦茶面白かった。

日本の不動産市場の面白さに気づいたのは、米国だけではなかった。世界中から投資資金が集まり始めた。オーストラリアは２００３年頃から、そしてドイツや英国、シンガポールの投資家も次々に参入してきた。

ケネディクス上場裏話

こうした流れの中でケネディクスも事業を拡大し、２００２年に大証ナスダック・ジャパン（ジャスダックに変更後２０２２年４月に廃止）に、２００４年には東証１部に上場を果たした。

実は、この上場のタイミングは当初の予定より少しずれている。大証ナスダック・ジャパンにはもともと２００１年10月の上場を予定していたが、その年の９月11日、米国で同時多発テロが発生、これで株式市場が大混乱となってしまい、上場は延期となった。「お金さえあればどんどん事業を拡大できるのに……」「とにかく上場はしたい」。地団駄を踏んだが、仕方ない。タイミングが悪すぎた。

しかし、ここで諦めていれば普通の経営者だ。必要なのは工夫。やりようはある。

「上場ができないなら仕方がない。未上場のまま新株を買ってもらえばいいじゃないか。要はお金を調達できれば問題はないんだから」。そう考えた。そして、浮かんだのがソフトバンク・インベストメント（現・ＳＢＩホールディングス）だった。トップは北尾吉孝氏。ソフトバンクの株式公開時、その担当だったのが野村證券の北尾さん。北尾さんの能力の高さを見抜いた孫正義氏がスカウトし、ソフトバンク・インベストメントの社長のポジションに収まっていた。「あの北尾さんなら買ってくれるかもしれない」。ものは試しだ。社長の本間良輔さんと二人で訪ねてみることにした。

北尾さんのビルは僕たちの西新橋の小さなビルの向かい側、外堀通りに面した反対側にあった。ケネディクス上場の際に作った目論見書（上場延期になったので大量に処分するしかない目論見書）を小脇に抱えて北尾さんのビルを訪ねた。当時、北尾さんは新聞記事等で取り上げられるようになっており、すでにかなりの有名人だった。「迫力のある人だろう」と興味津々だったが、会ってみると意外だった。偉ぶることもない自然体の方で「ごく普通のビジネスマン」といった印象だった。何の威圧感もなかった。

ところが、それは第一印象だけの話。ビジネスになると全く「普通」ではなかった。「ケネディクスの新株、買ってくれませんか」。そう持ちかけると目論見書をパラパラとめくり、5分ほどでざっと全部に目を通し、パタンと冊子を閉じた後、こう言ったのだ。「わかりました。全部、買いましょ」。

「えっ」。完全に想定外だった。「どれだけ買ってほしいのか」「いつまでにか」「本当に企業として勝算はあるのか」。あれこれ聞いた上で「少し考えさせてください。検討します」。そう言ってくるものとばかり思っていた。ところが、即断即決。ただの一つも質問をせずに「全部、買いましょ」。あり得なかった。

それだけはない。北尾さんは1円も値切らなかったのだ。同時多発テロ前、僕たちは1株20万円で上場させるつもりだった。目論見書にも「1株20万円」となっていた。外部要因とはいえ計画が狂ったわけだから、本来なら少し低めの価格で買い取ってもらうのがビジネスの常識だった。僕たちも「1株15万円くらいなら仕方ないか」と覚悟を決めていた。ところが、北尾さんはそれを一切しなかった。即断即決、1円も値切らず「言い値で全部買う」というのだ。「少し考えさせてください」と言ったのは僕らのほうだった。

帰る途中、横断歩道で信号待ちをしている時に社長の本間さんが「どう思う」と聞いてきた。「何か、怖いですね」と答えると本間さんも「そうだよね」。数日検討したが「もったいないけれど断ろう」との結論に達した。

もしこの時、僕らが北尾さんに株を売っていたらケネディクスはどうなったか。それはわからない。しかし、ただ一つ確実に言えることは、北尾さんが莫大な利益を得ていたということだ。同時多発テロで混乱していた株式マーケットはしばらくすると落ち着きを取り戻し、上場環境が整った。ケネディクスも当初の計画から半年もたたないうちに無事、上場を果たした。2002年2月。株価は1株40万円だった。たった数カ月で、ケネディクスの株価は2倍になったのだ。それを北尾さんはものの5分で見抜き、1円も値切らず「全部、買いましょ」と即断即決した。恐ろしいビジネスの嗅覚だった。

カリスマファンドマネジャー現る

そしてもう一つ、無事上場した後にぎょっとすることがあった。大証上場の頃は米国親会社がケネディクスの株式の60%以上を保有していたのだが、ある時、親会社がその全株をタワー投資顧問という日本のヘッジファンドに売却したいので、ファンドマネジャーの清原達郎氏に会うように言ってきたのだ。上場企業であることのメリットやデメリットをまだ深く理解していない時期だったので、正直怖気づいた。これは「乗っ取り」なのか？

本間良輔社長と二人で清原氏と面談した。「経営に口出しをするつもりはない。経営陣もそのままでよい。東証2部に上場したら半分を売却、東証1部に上がったら残りの半分を売却する」という。半信半疑ではあったが、清原氏の言葉を信じた。正直な印象の人だった。

ケネディクスの60%の株主になった清原氏が運営する日本株式ファンドの投資家は、日本中の中小年金基金だった。清原氏はその投資家たちをケネディクスにも紹介してくれた。年金基金も従来の株や債券だけでなく、不動産ファンドのようなオルタナティブ投資もすべきだと言ってくれたのだ。そのおかげでケネディクスは他社に先駆けて年金基金を投資家とする不動産ファンドをいくつも組成することができた。

タワー投資顧問の登場により、ケネディクスは青目の会社から黒目の会社になったので、2005年にはケネディ・ウィルソン・ジャパンという青目っぽい社名を「ケネディクス」に変更した。会社はさらに勢いを増し社員も100人にまで増えた。清原氏は約束通りケネディクスが東証1部に上がった直後に全株を売却し、きれいに去っていった。なお、翌年清原氏は上記株式売却も寄与して日本の「長者番付（高額納税者）1位」に輝いた。

実はこの数年後、清原氏はケネディクスの歴史に再び登場する。ケネディクスが発行する新株を購入、倒産の淵にあった会社を救ってくれたのだ。「カリスマファンドマネジャー」との評価はすでにこの頃、固まっていたが、実に気さくで気取らない。上はスーツでビシッと決めているのに、足元は「水虫がひどくて」と裸足にサンダル。全くの奇人だった。ただ、会社の見方はごく普通で、数字の分析に加えて「この会社の社長は嘘をつかないか」「社員に愛されているか」といった当たり前の視点を大切にしていた。清原氏については後で再び触れよう。

そして2007年。会社が東証1部に上場して3年がたった時だった。本間良輔社長から「次、社長をやってくれ」と言われた。投資マネーを何千億円と背負い、飛び回る日々とも別れを告げる時がやってきた。残念だったがこれもまた経験だと考えた。しかし、ここから地獄の苦しみが始まることとなった。

あれ、異変か？

2004年から2007年までの不動産ファンド業界は、まさしく熱狂と興奮の時代だった。モルガン・スタンレーやダヴィンチが1兆円ファンドを組成して、超大型案件を次々に買収して世間をあっと言わせた。例えば、モルガン・スタンレーのファンドは2004

年3月、大京の紀尾井町ビルの持ち分を360億円で取得、11月には恵比寿のウェスティンホテル東京を500億円で取得、12月には品川三菱ビルを1400億円で取得。2006年9月には赤坂ガーデンシティの66%を600億円で取得など破竹の進撃を続けていた。競合のダヴィンチやゴールドマン・サックスもド派手な買収を続けた。加えて数えきれないくらいの新しいプレーヤーが市場で踊りまくっていた。

ケネディクスも2002年の大証ナスダック・ジャパン上場以来、毎年続いてきた過去最高益更新を2006年12月期も達成するなど好調だった。2007年4月には業務提携の関係にあった豪チャレンジャー社との商業施設の不動産投資信託（REIT）をオーストラリア市場で上場させた。

ケネディクスの社長を本間良輔氏から引き継いだ2007年3月の時点でも、日本の不動産市場はまだ絶好調だった。しかし、米国では「サブプライムショック」がまさに始まろうとしていた。

異変は2007年8月に起こった。さらなる成長のために90億円強の増資資金を調達しようと国内の投資家をロードショー（説明会）で回っているさなか、日経平均株価が突然、大暴落したのだ。フランスのBNPパリバ傘下のファンドが解約停止に陥った「パリバ・

ショック」だ。後のサブプライムローン（低所得者向け住宅融資）問題に発展していく、その入り口だった。

パリバ・ショックはこの後、とりあえず収まった。ケネディクスの増資については、「なぜこんな時期に増資するの？　市場が落ち着くまで待ったほうがいいのでは」と大半の投資家から非難されたが、「今ここで無理にでも増資すれば、あとでやってよかったと思うかもしれないね」と言ってくれた投資家もあった。実はこれは的中した。

この後、市場は落ち着くどころが、大混乱に陥っていく。9月に入り、ケネディクスの増資が完了して90億円強が手元に入ってきた時のことだった。メリルリンチが日本のある取引先に確約していたローンの実行を土壇場になってキャンセルするという事件が起こったのだ。取引先に謝りながら「米国の本社から『ローンを出すな』と指示があった」ということだった。メリルリンチは日本で手広くローンやエクイティをやっていたので違和感を感じたが、その時は「うちは邦銀取引がメインで助かった」と思った程度だった。

あとから気が付いたのだが、株式市場は実体不動産市場よりも1年くらい先行していて、次ページの表のようにケネディクスの株価は２００６年にはピークアウトしていた。熱狂と興奮が続く２００７年にはすでに下落基調となっていて、株式市場から「不動産ファン

図3-3 ケネディクス株価の推移

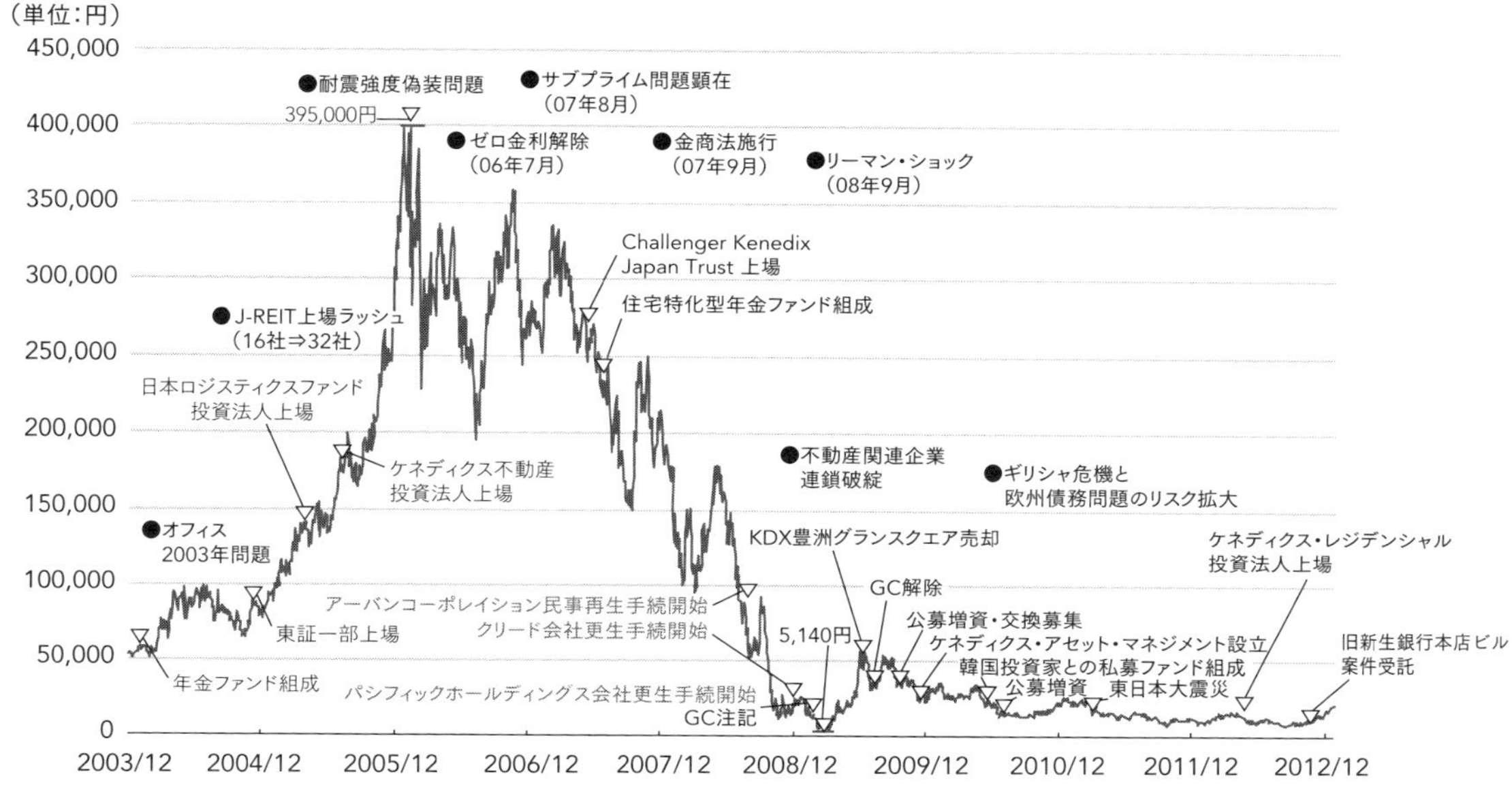
(単位:円)
450,000
400,000
350,000
300,000
250,000
200,000
150,000
100,000
50,000
0
2003/12
2004/12
2005/12
2006/12
2007/12
2008/12
2009/12
2010/12
2011/12
2012/12
●耐震強度偽装問題
395,000円
●サブプライム問題顕在
(07年8月)
●ゼロ金利解除
(06年7月)
●金商法施行
(07年9月)
●リーマン・ショック
(08年9月)
Challenger Kenedix
Japan Trust 上場
住宅特化型年金ファンド組成
●J-REIT上場ラッシュ
(16社⇒32社)
日本ロジスティクスファンド
投資法人上場
ケネディクス不動産
投資法人上場
●不動産関連企業
連鎖破綻
●ギリシャ危機と
欧州債務問題のリスク拡大
●オフィス
2003年問題
KDX豊洲グランスクエア売却
ケネディクス・レジデンシャル
投資法人上場
GC解除
アーバンコーポレイション民事再生手続開始
クリード会社更生手続開始
公募増資・交換募集
東証一部上場
5,140円
ケネディクス・アセット・マネジメント設立
旧新生銀行本店ビル
案件受託
韓国投資家との私募ファンド組成
年金ファンド組成
パシフィックホールディングス会社更生手続開始
公募増資
東日本大震災
GC注記

ドプレーヤー諸君、もうそろそろダンスは終わりだ」というメッセージが発信されていたのだ。

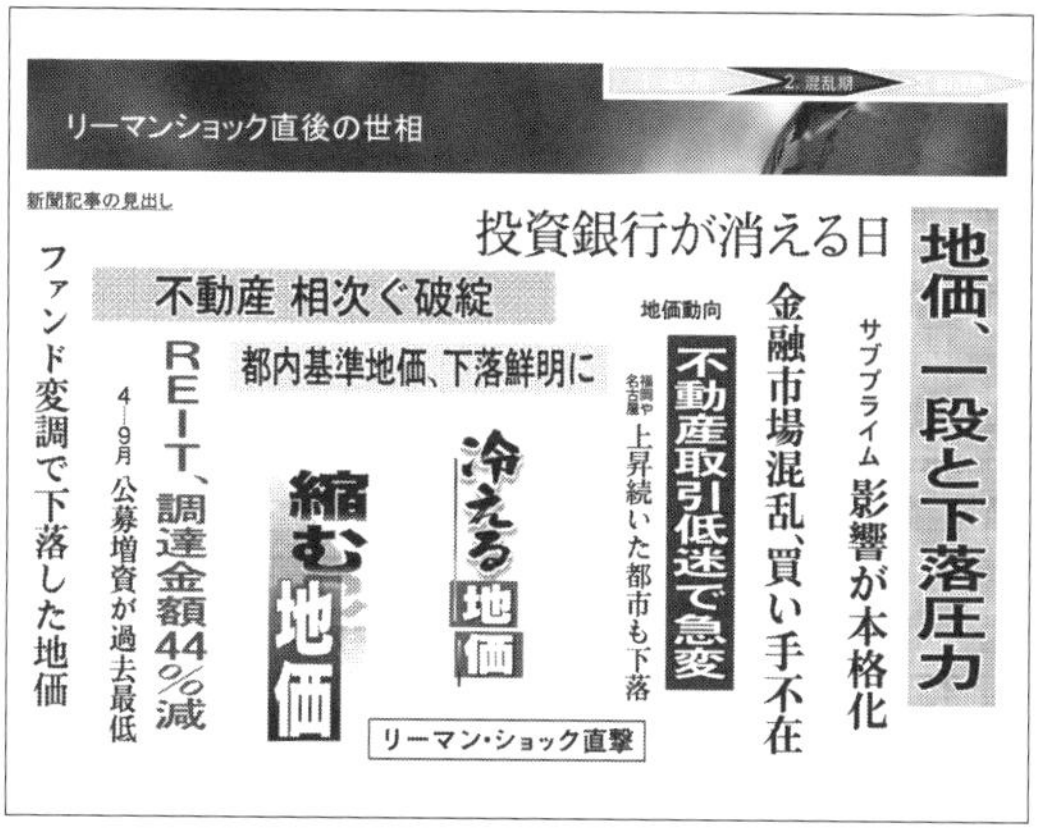

リーマン破綻後の新聞記事の見出し

第4章

ついに危機が到来

衝撃のサブプライムマップ

プライムローンは一般の人々向けの住宅ローン。これに対してサブプライムローンは低所得者層や信用力の低い人々も住宅を取得できるようにと米国で開発された金利の高い住宅ローンだ。2007年当時、米国の住宅ローン残高は約10兆ドル、このうちサブプライムローン残高は1・5兆ドルを超えており、2006年の後半から少しずつ返済の延滞率が高くなっていた。日本のステップ償還型住宅ローンのように返済開始から数年後に金利が上がるタイプも多かったようだ。

2007年3月と12月の比較で米国住宅ローン全体の延滞率は4・84%から5・82%に上昇しているが、サブプライムローンに限ってみると13・77%が17・31%まで上昇している。米国ではローンを証券化して金融商品として販売することが多い。サブプライムローンの1本1本は延滞する確率が高くても、これを100本、500本と束ねれば全体のキャッシュフローが潤沢になるので、金融商品として販売に耐え得る商品を組成できる。こういう商品が世界中の機関投資家や金融機関に販売されていた。

日本の不動産屋である僕たちは、そんなことは全く知らなかった。ただ、日本のニュースでも「サブプライムローンの焦げ付き」の報道回数が増えてきたのだけは気が付いていた。それでも「米国のサブプライム問題？　対岸の火事だな」と思っていた。

2007年10月、衝撃的な体験をした。米国にＩＲ（投資家向け広報）ツアーに出かけた時のことだった。ロサンゼルスのケネディクスの米国拠点で「本当のところ、サブプライムローンの問題ってどんな感じなんですか」と聞いてみた。するとその社員がパソコン上でサブプライムマップなるものを見せてくれた。それは住宅地の地図で、住宅の上に「Ｐ」「Ｂ」といったアルファベットのついた旗が書き込まれている。これは住宅ローンの返済状況を示すもので、Ｐは「返済が滞っている家」、Ｂは「銀行に差し押さえられた家」を示していた。そんな旗があちこちに立っている。ぞっとした。

「これって本当？」と思わず聞いたところ、「もちろん」と答えが返ってきた。にわかには信じられず、いぶかしげな表情の僕を見て、「それなら」と地図上でたくさんの旗が立っているエリアに連れていってくれた。その光景はすさまじかった。街はすさんでいて、「売り出し中（for sale）」と書かれた赤い張り紙が玄関のドアなどにベタベタと貼られていた。

M&A構想が相次ぎ浮上

　2007年3月に社長に就任してから数カ月後、オリックスからある打診があった。第三者割当増資*を利用してケネディクスの株式を34%まで取得したいとのこと。ケネディクスが米国などに太いパイプを持っていることから、ケネディクスと資本提携することで、事業内容や規模を拡大しようということだった。当時、ケネディクスの時価総額は1000億円を超えていた。経営は自由にでき、増資により500億円のキャッシュが入るということで悪い話ではなかった。

　ところがこの申し出に乗りかけた時、宮内義彦会長兼グループ最高経営責任者（CEO、現・シニア・チェアマン）が出てきて、「どうせなら51%取りたい」という話になった。さすがにだと思ったが、他社の傘下に入るつもりはなかった。

　これを断ると、次に東証1部上場の大手不動産ファンドのパシフィックマネジメント（PMC）から経営統合の申し入れがあった。「同じ市場で競い合っても消耗戦になるだけだ」というのが理由だった。〝プロジェクト・ガリバー〟というコードネームを付け、全日空ホテルの小部屋を借り折衝することになった。

ＰＭＣ側の担当者は当時、経営企画担当の幹部だった小林雅之さん。現在はケネディクス常勤監査役を務めている。何度か会合を重ねたが、最終的に折り合いをつけることはできなかった。理由の一つは人事で、こちらは「社長は私で、ＰＭＣの高塚優社長は会長に」と提案したところ、高塚さんが「自分は人に仕えたことがない。自分が社長でなければ同意できない」ということだった。もう一つの理由は、ファイナンスの問題。ＰＭＣは10カ所以上のゴルフ場に４００億円もの投資をしていたが、思ったようにキャッシュフローを生んでいなかったのだ。

２００８年、怪しい兆し

社長就任1年目の２００７年は史上最高の決算を記録することができた。しかし２００８年に入ると状況が怪しくなってきた。「これは厳しいぞ」と思い、社長としての考え方、会社の置かれた状況や課題を記した社内向けレターを正月明けに全社員に向けて

＊会社の資金調達方法の一つ。株主であるか否かを問わず、特定の第三者に新株を引き受ける権利を付与して行う増資を指す。

発信した。

社員向けレター　その①

「2008年1月4日
社員の皆さん、あけましておめでとうございます。思い思いの楽しいお正月を過ごしたことと思います。

昨年末の納会で『来年は久々に楽しい年になる半面、とても不透明な年になる』と申し上げました。

『楽しくなる』理由は、『2008年は久々に不動産を2007年よりも安く買える可能性が高い年である』からです。したがって、それを安く取得して、いかに2009年、2010年の収益につなげるかが将来を左右します。

一方、『不透明になる』理由は、『金融環境が変化しており、2007年のようにローンが引けなかったり、審査、格付けがより厳しくなる可能性も高い』ことです。

ケネディクスは2007年、皆さんのおかげで好業績を残すことができました。しかし、株価は低迷したままです。この低迷の意味するところは、『不動産ファンドという産業は1998年にできた新しい産業。今や大小10社以上が上場し、追い風に乗って各社とも増収増益でここまで来ました。しかし、この数年不動産価格も上昇したこともあり、これからの数年間は増益できるのかは疑わしい。金商法の施行、金融環境の不透明状態、欧米のサブプライム問題などを見ると、このセクターはぼちぼち減益の可能性が大きい。そのようなセクターにリスクマネーを張る（つまり、株式投資を続ける）のはいかがなものか？』という資本市場からのメッセージだと思います。

そこで、『これまで』のことは忘れ、『これから』のことのみに神経を集中して、いかに『これから』の時代を力強く生きていくかについてしっかりと考えましょう。正直、そのための確固たる戦略はまだ確立できていません。個別的な課題も多いです。１４００億円近い住宅のポートフォリオを最終的にどうするか？　３００億の老人ホームのポートフォリオをどうするか？　株価が低迷する傘下の豪州上場リートの方向性をどうするか？　本来のフィービジネス中心の収益構造が、キャピタルゲイン中心の収益構造に変わってしまったことを是とするか、非とするか。避けては通れないグローバル戦略をどう構築するか。格付けを維持、向上するための財務戦略はいかにあるべきか。これらの課題を一つ一つ着実に処理していきたいと考えます。その過程で、自ずと『これから』の戦略が浮かび上がってくるでしょう。そのためには、一時的に業績が悪化することもあるでしょう。世界中の株主から怒られることもあるでしょう。業界での勝ち組を目指し他社との統合も選択肢としてあるでしょう。

不動産ファンド業界は『これまで』とは違った、新しいパラダイムに向かって進むことになります。社員の皆さんと一緒に考え、一緒に悩み、一緒に行動し、他社に負けない良い会社をつくり上げていくために、今年も必死で頑張りましょう!!

P.S.ただし、健康第一、明るく楽しく!!」

ファイナンスに異変

それでも年が明けた頃はまだよかった。ルーマニアにオフィスを開設し、ベトナム進出を考え、ドイツのアセットマネジメント(AM)会社買収を検討するなどしていた。ところが3月になり、大阪で上場していたレイコフが倒産すると、雲行きが変わった。ドイツの投資家MPCとのファンド組成を進めていたが、難しくなってきた。4月の時点で、6月までに組成できなかったら7月は資金繰りに行き詰まるという状況だった。その直後、ス

図4-1　東証REIT指数・東証株価指数（TOPIX）の推移

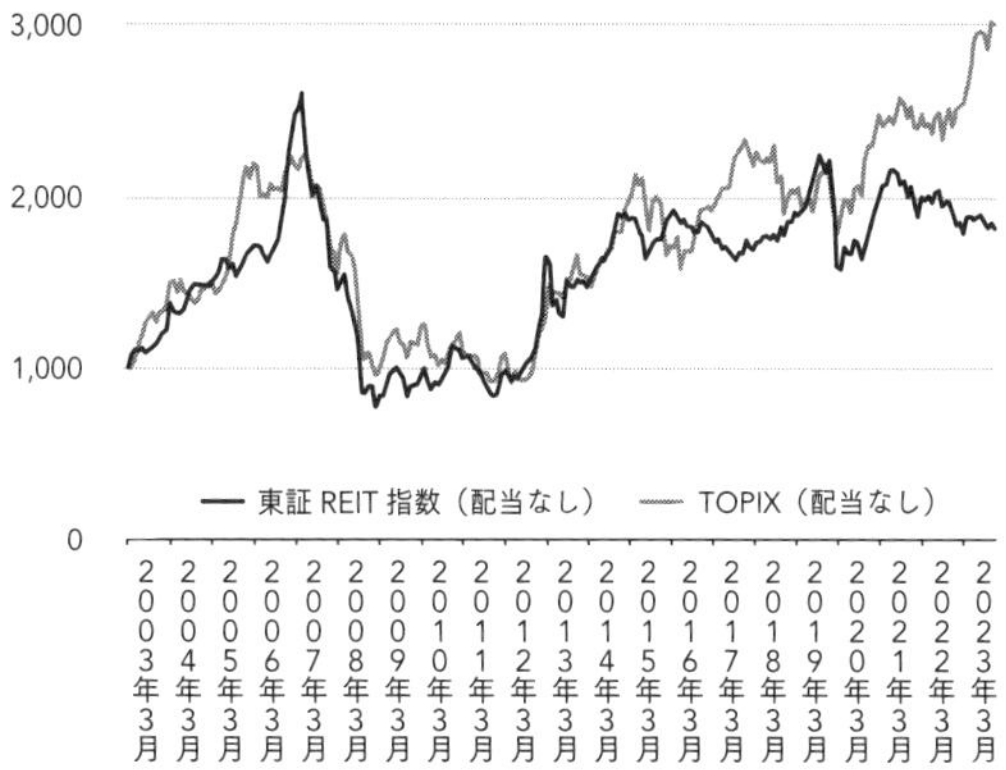

（注）東証REIT指数の基準日2003年3月31日＝1,000

出所：一般社団法人不動産証券化協会
https://j-reit.jp/market/02.html

ルガコーポレーションが民事再生法の適用を申請、ゼファー、真柄建設、三平建設なども破綻していった。

東証株価指数（TOPIX）も東証リート指数も上表のように2007年半ばをピークに下がり続けていた。一方では、2008年2月にシンガポールのGICがモルガン・スタンレーから恵比寿のウェスティンホテル東京を770億円で取得し、モルガン・スタンレーは天王洲シティグループセンターを480億円で、また3月には新生銀行本店ビルを1180億円で取得、4月には三菱地所が大手町のりそな・マルハビルを1620億円で取得するなど、ビッグデ

KDX豊洲グランスクエア
photo by Lombroso CC-BY-SA, from Wikimedia Commons

イールも続いていた。このため不動産市場では悲観論と強気論が交錯していた。

そしてそんな中、5月に「KDX豊洲グランスクエア」が竣工した。260億円の巨大ビルで、ケネディクス始まって以来の大型案件だった。施工は清水建設だが、果たして工事代金が払えるのだろうか——。幸い財務担当の奮闘のおかげで、シンジケートローン（協調融資）を引っ張ってくることができた。だが、通常なら融資期間は2年以上のところ、何と6カ月だった。このようなブリッジファイナンスに頼ること自体、不動産金融市場がおかしくなってきた証拠だった。

借入金は史上最高3100億円に

２００８年5月、三菱商事が資本業務提携を持ちかけてきた。ケネディクスのファンドの組成能力や意思決定の早さを評価してくれたようだった。34％程度を出資したいとのことだった。

この前年、２００７年にオリックスから同じく34％を出資したいと申し出があった際のケネディクスの時価総額は１０００億円で、想定出資額は５００億円だった。しかし２００８年には時価総額が半分にまで落ち、同じ34％の出資でも想定出資額は約２５０億円。それでも渡りに船だった。何としても成就してほしい、と思った。

都市デザインシステム、ランドコム、創建ホームズ、Human21などが資金繰りに行き詰まり、次々に経営破綻に追い込まれていった時だったのでありがたかった。

当時、ケネディクスは攻めすぎていたのだと思う。銀行が貸してくれることをいいことに、不動産をひたすら買い続け、２００８年6月期の中間決算時点でのバランスシートは

図4-2　不動産関連の主な破綻企業

2008年

負債総額 1兆4,443億円

- スルガコーポレーション
- レイコフ
- 近藤産業
- 真柄建設
- ゼファー
- 三平建設
- マツヤハウジング
- アーバンコーポレイション*
- セボン
- 創建ホームズ
- 都市デザインシステム
- りんかい日産建設
- Human21
- リプラス
- シーズクリエイト
- ランドコム
- 新井組
- ニューシティ・レジデンス投資法人*
- 井上工業
- ノエル
- 山﨑建設
- 康和地所
- ダイナシティ
- ディックスクロキ
- オリエンタル白石
- モリモト*
- ダイア建設

2009年

1兆1,188億円

- 東新住建
- クリード
- 章栄不動産
- ミヤビエステックス
- 栄泉不動産
- 富士ハウス
- 日本綜合地所*
- ニチモ
- パシフィックホールディングス*
- エスグラントコーポレーション
- アゼル
- 中央コーポレーション
- ジョイント・コーポレーション*
- ニューシティコーポレーション
- 穴吹工務店*

2010年

3,946億円

- 古河市住宅公社
- 日本エイペックス
- 森脇工務店
- 水戸レイクスカントリークラブ
- 木村産業
- 京都住研
- セレーノ
- ウエムラ興発
- 茨城県住宅供給公社
- 沖縄市アメニティプラン
- 北國リゾート
- KRY
- 住宅サービス
- 田浦開発
- 小樽開発
- 協和地所
- コマーシャル・アールイー
- プロパスト
- 大和システム

2011年（9月14日まで）

987億円

- 釧路振興公社
- 芦屋シニアレジデンス(TMK)
- 岩見沢都市開発
- 太陽殖産
- 御堂筋共同ビル開発(TMK)
- 下津リゾート開発
- 武生商業開発
- りんくう国際物流
- 太田実業

負債総額合計3兆564億円

注：* 負債 1,000 億円以上の企業

出典：帝国データバンク「大型倒産情報」、各社公開資料よりケネディクス作成

総資産が4300億円、借入金は3100億円に達していた。ところが環境が変わると、保有している不動産を投資家や不動産投資信託（リート）に売って返済しろと手のひらを返したように催促された。

ただ、すでに不動産市況も株式市場も下落基調だったので、かつては不動産を買ってくれていたリートも投資口*価格が低迷し、リート自体が増資できない状況だった。資金を調達できないため、当然ながらケネディクスの不動産を買う余力はなかった。にもかかわらず、一方で開発中だった何百億円もの物件が次々と竣工していく。期日が来れば工事代金をゼネコンに支払わなければならず、経営は苦しくなる一方だった。

当時、外資系レンダーは新規融資を完全にストップさせ、回収モードに入っていた。日本の金融機関は貸出先の選別を厳格化し、これ以上借りるのも難しく、増資も不可能だった。まさに八方塞がり。財閥系大手不動産会社を除くすべての不動産会社が資金繰りに奔走していた。

*不動産投資信託において、投資家が投資法人に出資する単位のこと。通常の会社における「株式」に相当する。「株価」に該当する言葉は「投資口価格」。

新興系の大手不動産会社で東証1部上場のアーバンコーポレイションが2008年8月13日、民事再生法の適用を申請した。史上最大の黒字倒産といわれた。アーバンは時価総額でいうと一時は三菱地所、三井不動産、住友不動産に次ぐ第4位にまでなっていたが、資金繰りがつかずに倒産してしまった。

これがたまたまケネディクスの決算発表の日と重なり、会場で質疑応答の最中に大騒ぎになった。こうなるとケネディクスも秒読みだと覚悟した。「あの夢のような快進撃を続けていたアーバンコーポレイションが潰れたのか。うちももうダメかもしれない」。そんな時、助けが入った。遅れていた独MPCとのファンド組成が成就したのだ。ドイツの投資家向けに日本の商業施設280億円分を金融商品化した。間一髪だった。60億円の真水が手に入った。

全社員に告白

1月に続き、8月にも全社員向けにすべてを詳《つまび》らかにした。経営者が危機を感じている時は、必ず多くの社員も不安に陥っているものだ。そういう時には経営陣と全社員の距離感を可能な限り縮めるべきだと考えた。

社員向けレター　その②

「2008年8月18日

社員の皆さん。

今年の春以降、倒産する不動産・建設関連企業が続出しています。マーケットにはとても暗いムードが漂っています。そこで、僕が今考えていること、ケネディクスの今後の方向性について思うところを書き出してみましたので、ぜひご一読願います。意見とか質問があれば、気軽にメールください。

昨年の夏以降、不動産・建設関連業界は逆風に晒されています。

昨春、米国でサブプライムローン問題が顕在化し、その影響で、昨年9月に欧米諸国の投資銀行が日本での不動産ファイナンスを中止して以降、日本の不動産業界においてクレジット・クランチ（金融収縮。金融機関の融資が縮小する現象のこと）が始まりました。

これら外資系レンダーは日本において3、4兆円は貸し出していたので、これがなくなった影響は計り知れません。

当然のように邦銀の貸し出し態度も、一段と慎重になりました。邦銀は、良い不動産会社、良いアセット・マネジャー（以下『マネジャー』）には貸し出しは継続するものの、彼らが『良くない』と判断したところには極めて慎重になりました。いわゆるマネジャーの選別、貸出先の選別です。

ケネディクスは1998年、不動産アセットマネジメント業が日本で始まった頃からマネジャーとして頑張っている、いわば、老舗です。皆さんが一生懸命アセットマネジメント業務をやってくれているおかげで、『良いマネジャー』として選別されています。ただ、油断は禁物です。各関連部署におかれては、日々『より良いマネジャーとは何か？』を考え、そして実行し続けてください。特に今は銀行、投資家から信用されることが何よりも重要です。

昨年秋以降のクレジット・クランチが続いた結果、本年3月にはレイコフ、ミキシングが倒産し、それ以降、近藤産業、ダイドー住販、グローバンス、マツヤハウジング、多田建設、ゼファー（東証1部）、真柄建設（東証1部）、アーバンコーポレイション（東証1部）と続々と倒産が続いています。そして、このような倒産は僕の感覚では、来年4月くらいまで続くと思います（140ページ図4-2参照）。

どれも、不動産の流動性の欠如が原因かと思います。各社において、売るべき商品が突然売れなくなることです。不動産を買いたい会社があっても、その会社にファイナンスがつかなくて買えない。作る側からすれば、物件が売れなければ、ゼネコンに工事代金も払えないし、銀行にも返済できない。そうすると、物件の売主だけの倒産に留まらず、ゼネコンも一緒に倒産しちゃいます。そんな状況がしばらく続きます。

昨年であれば、ちゃんとした物件を作れば、42社あるリートのどれかが買ってくれるだろう、ってことで、みんな住宅、オフィス、商業施設を作ってきました。でも、今年は、リートも株価が低迷していて、物件を追加取得できるリートはほとんどありません。また、私募ファンドもファイナンスやエクイティの投資家が思ったようにつかないため、うまく組成できず、結局、物件を取得できないファンド会社が続出しています。したがって、ケネディクスは銀行や投資家に対して、流動性を着実に見せ続けなければなりません!

ところで、暗いことばかりではありません。上記のような、クレジット・クランチの結果、物件の価格は確実に安くなってきています。ケネディクスは手持ちの物件を着実に売って（つまり、流動性を見せ続けて）、一方では安くなった物件を仕入れていきたいと思います。

10年前の1998年と2008年の景色を見渡すと——

1．物件の『買い場』がすぐそこまで来ている。
2．国内投資家はひるんでいる。
3．外資系投資家はリスクをとって、巨額の利益を手にしそう。
上記3点は10年前と共通。
しかし、今回と前回が違うのが以下の4点――
4．日本の銀行は比較的元気（前回は日本の大手銀行が潰れていった）。
5．不動産ファンダメンタルズが良い（前回は空室率も高く、企業もリストラだらけで賃貸マーケットの回復時期が不透明だった）。
6．大手財閥系不動産会社が元気（前回は三井不動産も住友不動産もリストラの真っ最中でほとんど物件を取得できず）。
7．今はリートと私募ファンドの巨大なマーケットが誕生した。そして、日本の不動産マーケットは透明性があり、効率的に機能することを世界中の投資家が知った。つまり、どんな局面であろうと、国内外投資家が常にオポチュニティーを狙っている。

僕は、今回のクレジット・クランチによる不動産価格の下落は4～7の理由により、前回と比べて、それほど底が深くないものと思っています。リートの株式市場の動向にもよりますが、

18～24カ月で回復するのではないかと見ています。ただし、マーケットが本格的に『活況を呈する』ようになるには、なんといっても、欧米のレンダーがサブプライム損失の処理を終え、体力を回復した上で、日本のマーケットに戻ってこないと無理でしょう。

大局的には上記のように、流動性を見せることができずに、また、銀行から信用されずに倒産していく企業が続出する中、銀行や投資家から信用される企業は新しい買い場をチャンスと捉えて、生き残ることができるでしょう。

さて、ケネディクスがなすべきことを具体的に書きます。

1．流動性を見せ続けること

▼日本の投資家がひるんでいるなら、海外の投資家を探し続ける。日本に興味を持っている海外投資家はいくらでもいる！

▼国内投資家がダメな時は、海外投資家を連れてきて、逆に海外投資家がダメな時は、国内投資家を引っ張り出せるような変幻自在なマネジャーになります。

▼まずは、ドイツの投資家と商業ファンド（約２８０億）を組成する。

▼豊洲グランスクエア・ビルをファンド化（約４００億）する。現在、国内外の投資家と詰

めている最中。

▼シンガポールの投資家と老人ホームをファンド化（約170億）する。

▼イギリスの投資家にレジャーホテルをいくつか売却する。

▼地方の賃貸マンションの売却先をあの手この手で探しまくる。

▼ローンの満了が近づいてくるすべての案件を着実に売却して、銀行からの信用を強化する。

2．買い場の到来に備えて、国内投資向け追加取得型のファンドを組成すること

▼現在組成を模索しているファンドは下記のように複数ありますが、このうちいくつかは何としても組成したい。現在の投資家のスタンスは、『質への逃避』という意味において、地域的には東京中心、プロダクト的にはオフィス中心となっている。

▼大手商社、国内金融機関とのファンド組成

▼シンガポールのファンド会社と共同で、米国機関投資家を集めるファンド

▼スペインの富裕層の資金を集めるファンド

▼安くなった賃貸住宅に逆張りするファンド

3．開発案件

▼かつては、既存建物の値段が上がったので、なるべく安く仕入れる目的で開発案件に力を入れてきたが、これからは既存ビルが安くなる中で、開発案件については、セレクティブにいきたい。都心のオフィス、店舗ビルの開発、また、倉庫の開発に注力したい。

▼それもなるべく、他人資本をうまく活用しながら。

4．リート業界

▼今、日本のリート業界は初めての調整局面を迎えており、極めて停滞したマーケットになっています。新興系といわれるリートの中では、ケネディクスのリート、KRIは大変健闘していると思います。

▼そんな停滞したマーケットの呼び水効果となるような、ユニークなディールをやってもらいたいと思っています。

5．攻守のバランス

▼最近の倒産事例では、コンプライアンスに問題があり、市場から退場させられる、あるいは、財務面が弱く、黒字倒産を余儀なくされる事例も増えています。

▼ケネディクスには、優秀なコンプライアンス部隊、物言う監査役たち、優秀な財務経理部隊がいて、非常にうまく営業部隊と連携してくれています。しかし、これらの蓄積は

一瞬の油断で無に帰します。よりよい攻守バランスの追求をしていきたい。

6．中長期的（ケネディクスのホームページに貼り付けてある先週の中間決算の説明資料も併せて読んでください）には――

▼ケネディクスの資金繰りも決して楽ではない中、もう一段の安定成長をしたいと思うと、やはりチャンスがあれば、資本を増強できないものかと考えています。しかしこれだけはマーケットを睨みながらの話なので、なんともいえません。

▼今後2年間はマーケットがどんよりとする中、今までのようにキャピタル・ゲインを出して成長することはできません。

▼棚卸資産を現在の2500億円から、1500～1700億円程度まで減らし、かつ、一部優良な不動産は固定資産にしたいと思います（ちなみに、上記1を実行するだけで、バランスシートは800億円減ります）。

▼そうすることによって、財務体質を改善すると同時に、安定収益比率を向上させ、かつ、格付けの維持・向上を目指したいと思います。

▼なるべく早期に『アセットマネジメントフィー＋賃貸収益』＞『販管費＋金利』となるようにして、極めて安定した会社にして、年々新規ファンドの組成とともに、着実かつ安

定した成長のできる会社にしたいと思います。
▼海外投資は、現在北米、英国、ルーマニアで少額投資、また、中国とインドを開発するファンドにそれぞれサイレントでマイナー出資をしています。現在は、国内の足場固めが最重要なので、様子見中ではありますが、国内マーケットの混乱が落ち着いたら、世界に羽ばたけるように各国のマーケット・ウォッチを続けます。
▼そして究極的には、世界中の投資家から『日本に投資するなら、ベスト・マネジャーはケネディクスだ！』って言われるようになりたいと思います（昨年から英会話レッスンをやっているのも、皆さんに少しでも英語に興味を持ってもらい、世界に通用する人材を育てたいからです）。

以上が僕の考えていることです。皆さん、これから引き続き周辺企業が倒産して、動揺することもあるかと思いますが、この混乱期、必ず生き抜くんだという強い信念をもって、毎日の任務を遂行してください。僕も必死で頑張ります。そして、この嵐が過ぎ去った時には、みんなで『生存者利得』を貪りましょう!!」

このレターに対して社員の皆さんからもらった貴重なメールのうちいくつかを以下に抜粋し紹介する。

「川島さんの現状分析や今後の考え方がよくわかりました。ありがとうございます。個人的には、ケネディクスは人的資源に恵まれ、この混乱期においても、誠実にかつ攻撃的に乗り切れるように感じています。人の入れ替わりが少なく、入れ替わりによるロスもなく、きちんとしたピラミッドが構成されているように思います」

（運用管理部　Sさん）

「このタイミングでのこのメッセージは非常に良かったと思います。事業環境の変化が激しく厳しくなる中、我々ケネディクスで働く者が方向性を確認できることで、狼狽せず緊張感を持って目の前のビジネスを行っていくことに重要な役割を果たしたと思います。

経営企画部にいると、ＩＲ等を通じて川島さんの考える事業戦略や市場環境認識に触れることのできる機会がありますが、１８０名を超えるケネディクスの社員が十分な情報共有をすることは難しいと思います。ゼファーやアーバンなどの東証1部企業もバタバタ倒れ、ケネディクスの株価も急降下していく最近の状況下において、少なからず狼狽している社員の方々もいたでしょうが、このメッセージを読んで冷静になり、勝ち残っていくための光明を感じることができたのではないかと思います」

（経営企画部　Nさん）

「非常に簡潔かつ具体的に当社のビジョンが記載されていて、とてもわかりやすいと思いました。フロントの皆さんが安心してリスクを取りにいけるように、ディフェンスを頑張りたいと思います」

（コンプライアンス部　Yさん）

「ケネディクスは大丈夫、大丈夫と思いながらも最近のニュースで少し落ち着かない日々でしたが川島さんのメッセージで、厳しいかもしれませんが大丈夫と思うことができました。

同時に微力ですが、ケネディクスの縁の下の力持ちとして会社を支えられる一人でいたい（なりたい）と改めて思いました。川島さんについていきますので、今後も私たちを導いていってください」

（運用管理部　Oさん）

「感想です。『とりあえずここ2年間は混乱をしのげれば生存者利得が得られる』。確かにそれはそうだとしても、2年後の姿とさらにその後の成長のシナリオが明確ではないような気がします。

1．2年間の課題

他がこけるところをサバイバルすることだけでも大変なのは現実ではありますが、生き残った結果は、昨年、一昨年と稼いでいた頃とさして変わらない姿かたちのままではその後の成長はおぼつかない。

『ベストマネジャーはケネディクスだ』といわれるためには、さらなる質的な進化が必要です。

二つの課題があると思います。

一つ目はアセットマネジメントの体制固めと足腰強化。

例えば、クライアントマネジメント機能はリサーチ戦略部ができ、かなり進歩しましたが、外資系投資家から当たり前に求められる英語による洗練されたレポーティングをマネジャー自らができるかと問われれば今のところＮＯです。先日以来議論しているコンフリクトを起こさないアセットマネジメント受託体制もしかりで、ドタバタしながらとりあえず受託してしまうというのが現状です。ケネディクス・アドバイザーズとしてもケネディクスもあわせたアセットマネジメント組織の再検討、アセットマネジャーに求められる能力の明確化と人材育成、リクルートが課題であると認識しています。

二つ目はリスク管理の強化。

そもそも『一瞬の油断で無に帰する』体制はまずいとおもいます。一瞬の油断はないことが望ましいのですが、これは不可能です。むしろ多少の穴は開いても船が沈まないようにすることが大事です。そのためには、リスク管理の専門部隊を置いて、来たるべきリスクに備えておくという事前の対策が重要です。ケネディクス・アドバイザーズでは、コンプラ部をそのような機能に変えていこうと思っています。

2．成長シナリオ

固定資産を持つことにより、ビジネスモデルを変えていくことが表明されています。これは安定収益を確保しつつ、稼げる時は打ってでて、キャピタルゲインもものにする、ということでしょうか？　それはそれでいいとして、10年後、20年後どのような会社を目指すかというシナリオ、ビジョンが見たいです。

決算報告会でもダヴィンチやセキュアードとの比較を問われていましたが、なぜケネディクスはそうしないのか？　そうでないとすれば、規模の小さな総合不動産業なのか、はたまた別のものなのか？　社員全員の共通の目標、『これだったら川島さんについて行くぜ』というものが欲しいですね」

（ケネディクス・アドバイザーズ　Hさん）

「時宜を得た&わかりやすく具体的なメッセージ読ませていただきました。元気の出る内容です。

2点、小生からの意見を述べさせていただきます。

1．ケネディクスのコーポレート・ミッション『不易流行、和魂世才、信則人任』が一つ一つの項目にかなりよく当てはまります。例えば、アセットマネジメント業務の完遂は不易流行、海外投資家の呼び込み&海外マーケットへの進出は和魂世才、銀行・投資家等への対応&コンプラ・監査等は信則人任がぴったりですので、各項目の説明の際にこれらの4文字を挿入してRemindすると効果的だと思います。次回からはぜひお願いします（文書のみならず、口頭での説明の際もこの種のRemindは効果的です。折に触れて言及してください）。

2．最後のパラグラフには、〝必ず生き抜くんだという信念〟とともに何らかの表現で『我々のやっている業務は〝社会&皆さんのため〟に必須かつ役に立っているという自信を持って』云々を挿入するとバランスが取れると思います。それに続く〝生存者利得を貪る〟のも社会貢献があってこそとのReminderになります。次回からは、ひとこと〝社会貢献・CSR〟にも言及してください」

（監査役　Hさん）

「目指すところの方針・具体的施策に対し何ら異議を持つものではありませんが、係る厳しい環境に置かれた状況下、自分が何をなすべきか、何ができるのか、現実と理想の間で悶々とした日々を送っている自分自身に対し半ば嫌気が差し、失礼を承知でメールを送る決心をいたしました。

小職が川島さんにお伝えしたいのは、冒頭に書きましたように、もっと会社の役に立つことをしたい、そのために自分ができることは何だろうと考えた時に、不良債権投資を細々とやることではなく、会社の資金繰りのお手伝いこそが今、小職が果たすべき役割ではないかと考えていることです。すなわち、喫緊の課題である資金繰り安定化に資することを目的として、金融機関営業・IR業務を今こそ自分自身がやるべきではないかと。財務経理部の方々のご苦労を見るにつけ、日々その思いを強くしております。

財務経理部における立ち位置の問題、パシフィック債権回収の管理監督等クリアすべき問題は多々あり、それなりに考えることもありますが、最終的に組織論に行き着くこともあり得ると考え、ここでは小職個人の希望を述べるに止めさせていただきたく存じます。

何だか直訴めいたメールで恐縮ですが、ご縁あってケネディクスに奉職させていただいている以上、役に立つ人材でありたいとの思い強く、敢えてメールさせていただいた次第です。このメールを機に、お時間ある折にでも小職の使い方についてご一考いただけると幸甚です」

（戦略投資部　Tさん）

「先日の川島さんからの社長メッセージは非常に良かったです。

このマーケット下で、若手社員含め少なからず不安を感じている社員もいたかと思いますが、あのような社長からの現状分析と会社の方向性を明確に打ち出され、社員の士気も上がったかと思います。

今年、来年はケネディクスにとって踏ん張り時かと思いますが、その先には明るい道のりがあることを信じて、頑張ります」

（投資事業部　Aさん）

「このところの同業他社の苦境ぶりをニュースなどで見聞きし、また株価も下がって不安な株主たちからの電話をたくさんつないできたので、不安に思うところはありました。メールを読んで、業界の置かれている状況やその中でケネディクスが今手がけている仕事がよくわかりました。受付にいると、なんとなく空気の流れは感じるのですが、ごく表面的にしか接しないので、あのお客さんはあそこにつながり、あの会議はこれだったのか、などと一人合点を打ちながらメールを読ませていただきました。

やはり川島さんはさすがですね、と思いました。

夏休みも取られてないようですが、あまり働きすぎないように、お体の方もご自愛くださ い」


（総務部受付　Kさん）

まさか大手のリーマンが……

２００８年９月、三井住友銀行から助け舟が出て、２１０億円のコミットメントライン（融資枠）を引くことができた。「ああ、これで何とかなる」と安堵したが、そのわずか１～２週間後に米証券大手リーマン・ブラザーズが約６１３０億ドル（約63兆８０００億円）もの負債を抱え経営破綻したのだ。天地がひっくり返るほどの衝撃だった。

その日は敬老の日で、夜は妻と碑文谷界隈に赴き、リンクマックスの小野良明夫妻、メリルリンチの宮川寿一氏、ＵＢＳ証券の戸田淳夫妻らとモツ鍋を食べていた。そこで「これは相当まずいな」と話し合った。

その翌日、三菱商事から連絡があり、すべての投資案件は無期延期（凍結）され、ケネディクスとの提携話も破談になったとのこと。目の前が真っ暗になった。

米大手証券会社が破綻したということで、世界の金融界は大騒動になった。つい半年前の2008年3月に米国証券業界第5位のベアー・スターンズがJPモルガン・チェースに買収されたニュースにもびっくりしたが、まさか大手のリーマンが潰れるとは……。バンク・オブ・アメリカが救済するとの報道が流れていたが、同社は9月に入って突然、メリルリンチを買収することになった。テレビのニュースでは連日ニューヨークのリーマン本社ビルから多数の社員が私物を入れた段ボール箱を持ってリーマンに別れを告げる動画が流れていた。「明日から日本の金融市場も大変なことになる。嫌だなあ」と思った。

もう銀行は不動産業界にお金を貸さないので、「今ここにある現金」が大切になる。売れるものはすべて売り、工事を発注していたオフィスビルなどの開発案件も、違約金を払ってキャンセルしていった。

こうした状況下、当然のように「ケネディクスが危ない」と噂がたった。10月、週刊文春がケネディクスが経営危機であるとする記事を僕の顔写真入りで掲載した。当時首相の麻生太郎氏、米大統領のブッシュ氏、米財務長官のポールソン氏が居並ぶ中、僕の顔写真が許可なく掲載されていた。そしてその下のキャプションが傑作だった。

「米政府の対応次第ではクラッシュの可能性も〝ストップ安〟のケネディクスの川島敦社長」。事実確認のための取材も事前の断りも何もなかった。しかし、記事としてはそこそこまとまっていて、「全くのデタラメとはいえうまいもんだ」と感心してしまった。

ケネディクスの株価が大幅に下落していたのは、確かに事実ではあった。40万くらいだったピーク時の株価が、このリーマン・ショック後には5万円程度と8分の1まで下がっていた（127ページのグラフ参照）。

誰か金くれ！

やれることはすべてやるしかないというのが、当時の状況だった。

ひたすらやり続けたが、それでも金が足りなかった。金がなければ会社が持たないので、必死に駆けずり回った。

「もうこうなったら、うちの会社ごと全部買ってくれ。それがダメなら出資でいい。とにかく助けてほしい」

こう言いながらプライベート・エクイティ・ファンド30社以上、さらに大和ハウス工業など国内の不動産会社10社以上を回った。しかしすべてダメだった。それならば次は海外と、シンガポールからマレーシア、香港を経由してオーストラリアの不動産会社や不動産ファンドにアプローチした。行きも帰りも夜行便、1泊3日という強行スケジュールを何度も繰り返した。

「日本からそんな強行軍で大変ですね」と同情はしてくれるものの、結局みんな自分のことで精いっぱいだった。人を助ける余裕は世界のどこに行ってもないのだと実感した。

また、ある時、大手不動産ファンドのパシフィックマネジメント（ＰＭＣ）が大和証券から大型の出資をしてもらう交渉をしていたが、それが破談になったとの情報が入ってきた。ＰＭＣが流れたのなら逆にうちにとってはチャンスだと思い、すぐに大和証券に「ＰＭＣへの出資が破談になったのなら、そのお金をうちに回してください」と掛け合った。結果はもちろんダメだった。３１００億円の借金返済に追われ、現預金は見る間に減っていった。ほんの数カ月前まではもっと借りてくれという態度だったのに、今やどの銀行、会社も貸してはくれなかった。

こんな状況ではあったが、9月に保有していた老人ホーム8棟をシンガポールの不動産投資信託（ＲＥＩＴ）であるパークウェイが買ってくれた。売買契約を交わしたのは、まだ平穏だったリーマン・ショックの前。経済情勢が著しく変わったのだから「契約を破棄されても仕方がない」と身構えていたのだが、きっちりと約束を履行してくれた。20億円の真水ができたので、思わず涙が出た。

世間ではリーマン破綻前に売買契約し、決済・引き渡しは破綻後という契約がいくつもあった。たまたまそのような期日設定になっただけのことだ。例えば9月1日に契約、9月30日決済・引き渡し、だったが、9月15日にリーマンが破綻、こういう契約を「リーマン跨《また》ぎ」といっていた。そのほとんどは「経済情勢の著しい変化」を理由に解約された。そのために資金繰りがつかず倒産した企業もいくつかあった。

友の会社が昇天

有利子負債3100億円の中に、私募債、普通社債、転換社債といった無担保の負債が500億円あった。これには大変苦しめられた。借金も担保付きであればまだマシで、不動産市況が悪い中でも価格やタイミングが合えば不動産が売れる時はあった。それで少しは借金を返すことができる。しかし、無担保の負債500億円——社債関連350億円、

箱根旅行で命の洗濯

特定の取引銀行に引き受けてもらう私募債１５０億円が問題だった。私募債の返済だけで毎年60億円以上が必要だったのだ。すでにこの頃、銀行の貸し剥《は》がしが始まっていたため、新たな私募債など絶対に引き受けてくれなかった。

　万事休す、もう打つ手はないという諦めと、何としても生き残るんだという思いの2つが胸中を駆け巡り、もはや神頼みしかないというところまで追い込まれていた。

　２００８年10月のある土曜日、リンクマックスの小野良明社長夫妻の誘いで、東証2部上場のノエルの金古政利社長夫妻とうちの夫婦の6人で箱根神社に「命の洗濯ツアー」に出かけた。金古社長はその時、「俺の会社はもうダメだ。月末に裁判所へ行くしかない。法的整理だ」と言っていた。それを聞いて「俺のところも多分、12月まで持たないだろうな」と返したのを覚えている。それが正直なところだった。

しかし、このまま諦めてしまうわけにはいかなかった。社員とその家族の生活と人生を抱えているのだから、最後の瞬間まで努力し続けなければと思った。久しぶりの箱根だったが、翌日の日曜早朝、資金繰りを練るために妻とみんなを残し会社に戻った。ノエルは金古社長が言った通り10月末に破産を申し立てた。

あり得ないことが次々と現実に

11月28日、東証2部上場の不動産開発会社、モリモトが民事再生手続き開始を申請した。負債総額は1615億円で、2008年に倒産した上場会社としてはアーバンコーポレイション（2558億円）に次ぐ負債規模だった。この年、倒産件数は戦後の最悪記録を更新し続け、帝国データバンクによるとモリモトの倒産は2008年では31社目の上場企業の倒産だった（140ページ「不動産関連の主な破綻企業」参照）。

この時、ぞっとしたのはその破綻の理由だった。モリモトは2008年2月に上場したばかりだったのに、監査法人が「意見書を書けない」と突き放したのだ（意見書の「意見」とは、監査法人などの会計監査人が、企業が作成した財務諸表などが企業会計の基準に準拠して適正かどうか監査した結果について、監査報告書に表明する意見のこと）。しかも意見書を書けない理由は、「今後1年間の資金繰りを証明できないから」というものだった。ケネディクスもモリモトと同じ監査法人を使っていたので、「同じことをやられたらどうしよう」と戦々恐々だった。全く同じ理由で意見書を出してもらえずに天国に行った会社が続出した。ちなみにモリモトは民事再生手続き終了後、持ち前のブランド力を発揮し、2024年現在でも東京の城南地区デベロッパーの雄として活躍している。大切なのは再生する力だ。

企業の生殺与奪権を握っているのは銀行だけではない、格付け機関や監査法人が企業を殺せる時代が来てしまったのだ。何ということだ！　しかしこれは「100年に一度の世界金融危機」のほんの序章にすぎなかった。

2008年10月には、ニューシティ・レジデンス投資法人が民事再生法の適用を申請し破綻した。不動産投資信託（ＲＥＩＴ）では初めての破綻だった。リートまで破綻するとは思っていなかったので驚いた。

リートは「土地を買って開発してそれからテナントを募集する」といった回り道はせず、オフィスビルならテナントがきっちり入っていて、買った瞬間から確実に賃料が入ってくるビルを中心に取得するのが一般的だった。大きなリスクを取らないので経営は安定している。しかし、ニューシティ・レジデンス投資法人は取得する予定の不動産の決済資金と借入金の返済資金の調達で行き詰まってしまったのだ。リート向けのお金ですら慎重になるほど、銀行は不動産業界への融資に慎重になっていたということだ。

この影響は大きく、不動産というだけで「危ない」という連想がつきまとうようになった。そして新興系不動産会社のリートの株価に相当する投資口価格が下げ止まらなくなった。ケネディクスのリートの投資口価格も短期間に5分の1にまで下がってしまった。

そこで、何とかしなければと伊藤忠商事に赴いた。すると当時役員だった岡田賢二さん（現・伊藤忠エネクス会長）が「自分の株式投資の決裁権限が5億円まであるので、その範囲で何とか調整してみよう」と、ケネディクスのリートの運用会社の株式を10％買ってくれた。リートの運用会社の株はいわば虎の子で、売れば急場をしのげるとはいえ売った分の配当収入が減ることになる。クラウンジュエリーの一部を売るのはとても辛いことだったが、伊藤忠にバックアップしてもらうことで株価が下げ止まるなら、との思いで泣く泣く売った。

２００7年のピーク時には49万円だったケネディクスのリートの株価は、ニューシティ・レジデンス投資法人の破綻からわずか８日後の２００８年10月17日に5万９５００円の安値をつけた。ちなみに日経平均も10月28日に一瞬だけ６９９４円となり、26年ぶりに７０００円を割った。

何としても生き続けたい!

２００８年12月期のケネディクスの決算では、１１８億円の特別損失を計上し、１０８億円の純損失となった。その前の期（２００7年12月期）には純利益１４６億円と最高益を達成したばかりだったのだが……。２００８年に支払った違約金だけで25億円にも達していた。

ケネディクスのような不動産ファンドの運用会社は、デベロッパーに「完成したら買い取る」と約束して、投資用のオフィスビルや賃貸マンションを建設してもらう（当時は「出口コミット案件」と呼んでいた）のだが、計画通りビルが完成しても買い取るお金がない。そこで「申し訳ないが違約金を払うのでビルの引き取りは勘弁してください」と買い取り資金を節約するしかなかった。

東京だけでなく、大阪や福岡のデベロッパーを自らも訪問し、何度も土下座した。比喩ではなく、本当に床に手をつき頭を下げて回ったのだ。うちが完成物件の引き取りをキャンセルしても何とか持ちこたえることができると判断した相手先を選び「とにかくお願いします」「何とか考えてください」と、徹底的に頼み込んだ。しかし、そんな苦し紛れなやり方がいつまでも通用するはずがない。「もう終わりかもしれない」と覚悟した。

こうなると社員に会社の窮状を正確に伝えるしかない。ある日突然「会社は倒産します。皆さんゴメンなさい」と言って社員を寒空に放り出すわけにはいかないから。腹を決め12月18日に社内レターを出した。社員から怒りの言葉が殺到するだろうと覚悟の上だった。ところが実際は違った。社員からはこんな言葉が返ってきたのだ。「社長、レターを見ました。私にできることはコスト削減です。会社を救うためにやってみます」とか「大阪営業所としてはプロパティマネジメント（PM）もやって少しでもキャッシュ（現金）を稼ぎます」とか、「頑張ってください」「諦めないでください」「僕らもやります」など、励ましがほとんどだった。「母屋で粥《かゆ》をすすっている時に、離れですき焼きを食べているわけにはいきません」というのもあった。うれしかった。孤独な社長室で思わず天井を見上げた。

以下、レターと社員たちからの返信を紹介する。

社員向けレター　その③

「2008年12月18日

社員の皆さん。

あっという間に年末になりました。前回『社長からのメッセージ』ってことで、8月に手紙を書き、その後、10月3日にオフサイト・ミーティングでも状況をお話したりする機会がありました。8月と10月でもかなり激しく景色が変わっていました。特にリーマンが潰れるなんて誰が想像しえたでしょう。しかし、その後も世界の金融市場の混乱は収まるどころか日増しに悪化しました。AIGやシティ・グループも実質的には国有化され、さらにはGMやクライスラーも倒産の危機に直面しています。日本の金融市場でも大企業が従来のように直接金融をできなくなり、間接金融に回帰しており、メガバンクには大企業からの借り入れ申し込みが数兆円単位で来ているような異常事態になっています。

その結果、クレジット・クランチ（金融収縮）は不動産業界だけでなく、今や全産業に及んでしまいました。しかも世界同時です。100年に一度の経済危機といわれる所以です。このように激しい濁流が流れている中、ケネディクスは必死で生き残りの道を模索しています。

〈市場が不動産業界をどう見ているか？　市場からのメッセージは何か？〉

ケネディクスの時価総額は最盛期には2000億円を超えていましたが、今は130億程度。一時は70億円台まで下落しました。棚卸資産を多く保有する不動産会社はだいたいこんな状態で、PBR（純資産倍率）は0・1〜0・3倍程度になっています。ケネディクスの純資産は、9月末で640億円だったので、640億−130億＝510億円、つまり、棚卸資産等が少なくとも510億円は毀損している、というメッセージと受け取れます。確かにケネディクスの決算書上の棚卸資産は3150億円もあるので、そう受け止められても仕方がない面もあります。何しろ、これだけ急激に資産デフレが進み、流動性が欠落しているので。

これに加えて、投資家からはローンの満了日を注目されます。何年何月にいくらの返済があるか？

『資産は毀損しているとしてもこれくらい』『ローンはこうやって返済する』この2点を合理的に説明できないと株式市場はすぐに懐疑的になって退場を迫ってきます。

〈ケネディクスがこの数カ月なしてきたこと〜なすべきこと〉

1．保有物件の売却——特に抵当権のついていない物件を中心に、売却チームにて大幅な売却損を出しながらも年末までに7件売却予定。ファンド保有のさまざまな物件についても、売却チーム発足後すでに59件、１２２億円（12月末までの分を含む）の売却を実現しています。

2．年金9号、10号ファンドのケネディクスが保有する劣後出資持分をすべて第三者に売却します。これによって、バランスシートが８６０億円小さくなります。

3．レジャーホテルのケネディクスが保有する出資持分を優先劣後構造に切り分けて、劣後部分を第三者に売却します。これによって、バランスシートが１６０億円小さくなります。上記1、2、3により、90億円近くの損失を出す代わりにバランスシートを１１００億円近く縮小し、金融機関、株式市場へアピールします。

4．出口コミット案件の解約――15件あった出口コミット案件を必死の交渉の末、8件解約し、現在4件も解約またはリスケジュールの交渉中。当然違約金は発生しますが、致し方ありません。これ以上物件の下落リスクを増やすわけにはいかないので。

5．自社開発案件も4件ほど開発を中止し、売却を模索中。また、開発中の案件についてもパートナーを見つけて、資金負担の軽減を図ろうとしています。

6．豊洲グランスクエアについては、8月までは国内投資家とのファンド化があと一歩のところでダメになり、9月は米系投資家とのファンド化を模索したが、リーマン・ショックで中止。10月以降はドイツの投資家への売却を交渉していますが、どうやら来年2、3月になりそう。今月末にＳＭＢＣ、ＤＢＪにより、ブリッジ（つなぎ）ファンドの組成を実行し、2年間の時間を買うことになりました。とにかく世界中から投資資金が消えてしまい、何をやるにも難しくなっています。

7．流動性がない中、保有物件は次々とローンの満了が来ます。これは、もう物件を売って都度都度返済できるような量でも市場でもないので、銀行には、とにかくローンの長転（短期ローンではなく、3年、5年の長期ローンに切り替えてもらうこと）をお願いして回っています。ようやく本日、小さな第一歩として老人ホームのローンの長転をＳＭＢＣに実行してもらうことができました。年明けからは住宅、オフィス等のローンの長転を目指します。

8．新規のファンドの組成ですが、これも8月の時点と大きく違うことの一つで、今や世界中の投資家が株価下落、不動産価格下落等々で傷んでしまい、様子見の状態に入り、なかなか新規投資が難しくなっています。例えばカーギルには引き続き物件の取得機会を提供しているものの、かなり慎重姿勢です。ただ、来年、10年前のようにさまざまな不良債権案件が出てくることは確実なので、粘り強く続けていきたいと考えます。

9．そして、なんといっても来年は資本を増強したいと考え、タイプ、国籍を問わずいろいろなスポンサーに打診しています。上記のように投資性の資金は減っているものの、ケネディクスのDNAを理解してくれるような良いスポンサーを必死に探したいと考えています。PMCは報道されている通り、中国の資金を大量に導入するようですが、あれはあれで成功すれば素晴らしいディールだと思います。

以上、いろいろと書いてきましたが、これだけではケネディクスの収益は改善しません。AUMが伸びない中での経営、キャピタルゲインがない中での経営、これを実現しなくてはなりません。基本的にはよほどの素晴らしい新規事業でも立案できない限り、さまざまな工夫を凝らして、収入を増やし、支出を減らすしかないのです。

1. 例えば、大阪営業所では来年からアセットマネジメント業務のみならず、プロパティマネジメント業務にも参入し、今は外注しているプロパティマネジメントフィーを内部に取り込むことを考えています。大型のビルであれば、プロパティマネジメントフィーだけでも年間何千万円になるので、貴重な取り組みだと思います。

2. 他社案件のアセットマネジメント業務をどんどん受託してアセットマネジメントフィーを増やす。これ、ようやく1件は受託できたものの、わりと難しい。配当制限がかかっていて、アセットマネジメントフィーが流れてこないケースもあり、スムーズにはいきませんが、引き続きケネディクス・アドバイザーズ中心に努力してほしいと思います。

3. 倒産が続く中、投資銀行や証券会社は逆にFA（フィナンシャル・アドバイザー）の仕事が増えてきています。例えば、ドイツ証券はアーバンコーポレイションのFAのために社員10人を投入、UBSもリーマン・ブラザーズのFAのために社員12名も投入しています。しかし、不動産のわかる人間は限定的なので、苦労しています。そこで、投資銀行等に対して、FAの下請け仕事をケネディクスで受注できるようにすることも考えてほしいと思います。

4. 自社関連案件のみならず、他社案件の売却も手伝い、仲介手数料を稼ぐことも重要。

5. 支出のほうですが、先般12月4日付けで経費削減のお願いを皆さんに配信しました。金額的にはたいしたことはないかもしれないが、小さなこと、一つ一つの積み重ねが重要だと信じて、励行してください。世間は冷静に見ています。

6. そんな中、今年は満足なパフォーマンス・ボーナスも出せそうにないのですが、このような状況下、少額とはいえ、予算は取りますので、ご容赦願います。

なお、上記1~5以外にもいろいろなアイデアがあれば、ぜひとも聞かせてもらいたいと思いますので、思いついたら都度、メールしてください。今期はできる限り膿を出すべく、大幅な赤字決算となる業績予想を出しましたが、来期は黒字化しようと考えており、その黒字幅を少しでも拡大したいです。そのためには、社員一人ひとりが危機感を持ち、何ができるか、何をすべきかを真剣に考えてください。

また、こういう時期は、コンプライアンス上の問題で足元をすくわれることがいちばん痛いです。せっかく銀行が支援姿勢になってきてくれた時に、そのような問題が勃発してすべてが無に帰すことのないよう、一層気を引き締めてこの難局を乗り切りましょう。

そうして、来年のクリスマスはみんなで笑顔で祝いましょう!!」

このレターに対して社員の皆さんからもらったメールのいくつかを以下に抜粋する。提案、感想、励ましなどさまざまである。

「拝読しました。アセットマネジメント新規受託の種まきはだいたい終わり、第2ラウンドの営業に入るところです。反応は悪くないものの、具体案件はまだです。継続アプローチにより、他にさらわれないようにはしたいと考えています。こればかりはタイミングの問題なので焦らず諦めずの姿勢で臨みます。

この環境下、社内の雰囲気が明るいのが救いです。『本物の商売は何であれ簡単には潰れない』――北方謙三『望郷の道』より。潰れるようでは本物ではなかったってことなんですよね。みんなで本物の商売をやろうと思います」

（ケネディクス・アドバイザーズ　Hさん）

「メッセージ読ませていただきました。何を言っていいのかわからないけど、メールしたくなりました。この会社に入社して9年目。今までは勢いがあり、パワフルで元気のある会社の雰囲気でしたよね。

私の入社した頃は10人ちょっと。アクイジション（投資用不動産の新規取得）は川島さんや宮島さん……毎月のように新しい物件購入がありましたよね。なつかしい！

ただ、ここ数カ月、特にこの2～3カ月で急速に事態が急変しているのが手に取るようにわかります。ここまで急に世界的な金融危機になるとはホント、想像もしなかったです。怖いですね。

私はケネディクス大好きです。愛着もあります。一緒に働く人も大好きです。昔とはだいぶ変わってしまったけれど、やっぱりケネディクスで働けてよかったと思ってます。だからできることは努力していかないと……と思っています。こんな私ができることといえば、経費削減の努力、ですよね。小さなことかもしれないけど、みんなが気にかけて少しずつ努力すればきっと、大きな削減につながると思います。

また数年後にケネディクスのみんながいい思いできるように！

自分なりに地味にがんばります！

川島さんも大変でしょうが、体には気をつけてくださいね。社長に倒れられたら大変ですからね」

（運用管理部　Ｋさん）

「大変お疲れ様です。このようなメッセージレターは、今のような環境下において、社員にとって大変ありがたいことです。ケネディクスも昔と違い、人が増えて、顔が見えず、声も届きにくくなっていますので。

リートのフロア（6F）も最近、元気がありません。もともと、お祭り（増資による物件取得等）がないと、黙々とした雰囲気になりがちの業務ではありますが。

以下、少ないですが、リートとして貢献できることのベクトルです。

・自立

パラサイト息子↓独立自活できる孝行息子に。結婚のうえ独立する話は相手のお家騒動もありひとまず破局しましたが、引き続きファイナンスを伴わない成長策を模索。

・親孝行

運用会社――配当増（名実ともにプロパティマネジメント業務を内省化することが鍵か）

投資法人――株価アップ（減損脱出）／物件購入（環境厳しいですが、復活すればリートの購買力は強み）／業界内でのステータスアップ↓レピュテーション（評判）面での相乗効果。

人件費という意味では、ケネディクスとケネディクス・リート・マネジメントで給与テーブルを変えた上で、ケネディクス・リート・マネジメントへの出向者に転籍打診する（希望退職ならぬ希望転籍）ことが、多少なりとも意味があるかもしれません。ケネディクス、ケネディクス・アドバイザーズとケネディクス・リート・マネジメントとではかなり業務の内容・濃度が異なってきていますし、『私はリートどっぷりです』というニュアンスの人が増えていますので。

あと、こういう時期だからこそ、『人材育成に力を入れる』という施策・姿勢を見せることが、社員のモチベーションアップにつながると考えます。企業は人なり。人は宝。特にサービス業では人こそが生命線。

ともかく、母屋で粥をすすっている時に、離れですき焼きを食っていると言われないように（むしろ言われるくらい輝く姿を目指して）頑張ります！」

（ケネディクス・リート・マネジメント　Kさん）

「昨日のメッセージ、会社で、電車の中で、自宅で何度も読みました。末端社員にここまで開示してもらっていることがとてもうれしかったです。

ケネディクス・リート・マネジメントとケネディクスとの微妙な距離感というか、目指している地点の違いというか、そういうものがある（と思う）のでなかなか協働しづらいところがあるのかなと個人的には思いますが、僕はケネディクスのために働きたいと思います（ケネディクス・リート・マネジメントの社員としてはあるまじきことですが……笑）。

そのためにもまずはケネディクスの資産の受け手となるべく、リート物件の売却に専念します。こうやって書きながら、リートをよくすることがスポンサーをよくすることにもつながるんだなぁと改めて、実感しました。さらにモチベーションも上がりました。

質問でも意見でも感想でもなく、なんか決意ですが、がんばります！」

（ケネディクス・リート・マネジメント　Hさん）

「会社の状況を説明いただき、また、応答の機会をいただきましてありがとうございます。

細かいものながらも私なりに今、思いつくことを書き出してみましたので、ご一読いただければ幸いです。

1. すぐできること

①ビルディングマネジメント費用の削減

・まだ数例の経験ですが、プロパティマネジメント会社から上がってくる建物の修繕コストがやや高めのように思います。プロパティマネジメント業務取り込みとともにプロパティマネジメント会社、ビルディングマネジメント会社をよく監督することでも10～30％ぐらいの修繕費用等の削減ができるのではと思います。具体的には工法など一緒に検討・確認し、見積をきちんと査定することで可能と思います。

②環境方針

・現在エンジニアリングチームで環境技術の研究を行っておりますが（来年2月頃報告書アップ予定）、今後、環境技術の積極的導入により各物件の品質向上によるリーシング競争力強化を図りたいと思います。

・また、投資や管理の際の基準の一つとして環境方針を掲げることで、社外の評価も得られればと思います。

2．今後していきたいこと

①内製化

・同時にAM～PM～BM業務に関しては、今後より複雑化・高度化していくと思いますので、広い範囲での内製化や合理化・簡略化等できるところを探っていきたいと思います。

②良い不動産を選別・建設できる能力向上

・外部への信用・能力の裏づけや証明になるようなライセンスの取得。人的能力の向上にも有益と思います。それでフィーも稼ぎたい（積算士、ビル経営管理士、マンション管理士、土地家屋調査士等）。

・環境対策、デザイン（ランドスケープも含めたい）、積算データ等の品質向上に必要なノウハウ、データを蓄積、そして伝達していく。

また考えてメールいたしたく、よろしくお願いいたします。取り急ぎ」（開発事業部　Aさん）

「大阪では、保有物件（奈良2件、北浜）の売却が完了し（新大宮は22日売却完了です）、本件売却によりKAP及びKKHの2つのファンドは、すべての資産売却が完了します。

しかし来期は、上記物件の売却に伴ってアセットマネジメントフィーおよび賃料等収入が減少するため、新たな収益基盤を確保するべく、りんくうゲートタワー（関西国際空港エリアにある56階建ての大型ビル）のプロパティマネジメント業務を受託する準備に取りかかっています。

りんくうゲートタワーは約3年間、現場周りを中心に見てきましたので、ぜひとも実現させたいと考えます。

第1四半期は立ち上げで多少ばたばたすると思いますが、ローン期限の近い物件（宝塚、布施及びデイリーカナート）の売却も併せてすすめます。コスモバルクの関西物件も同様です。厳しい環境下ですが、地元メリットを生かし富裕層への営業をかけていきます（1円でも高く売りたい！）。

10年前を思い出しますが、あの当時は不動産事業の枠組みの中で、儲かることは何でもチャレンジしていました。不動産仲介、賃貸仲介、債務整理コンサル・中間省略売買等……。

来期は、賃貸収益の改善、さらなるコスト削減による内部成長を図りつつ、アセットマネジメントフィー、プロパティマネジメントフィーを確保し、今年度に業法改正された直接移転売買も検討・チャレンジしていきたいと思います。すでに大阪においても事例が見られ、資金負担なく転売益を確保できるものです。契約の地位譲渡もそうですし、仲介を含め得意分野を生かせる環境下であり、創意工夫をもって鋭意努力します。

なお、大阪物件については、コスト削減および地元特性を生かした運用を図るため、可能なものは大阪営業所で管理することが必要と思います。また、資産売却において、コア物件を選定し、超長転による固定資産への置き換えは不可能でしょうか。

りんくうゲートタワーの収益確保を最優先としますが、大阪営業所社員がみんなで意見を出し合い総合不動産業として儲かることは何でもやっていきます」

（大阪営業所　Uさん）


「今なすべきこととして、川島さんにもご心配おかけしておりました三郷駅前マンションの売却も12月19日に完了し、シティコープ新大宮も明日一括決済となりました。まずは、年内に予定している決済案件をきっちり終わらせ、来年に向かいたいと思っております。

来年はりんくうゲートタワーのほか、ビル以外にレジ（レジデンス）もファミリー系のものを中心にプロパティマネジメント業務を大阪営業所でやっていきたいと考えています。私の本来の得意分野であるマンション開発は当面難しいとは思いますが、これまでのデベ（デベロッパー）との付き合いの中で、新たなビジネスチャンスがないか常にアンテナを張っていきたいと思います。

来期の黒字化、黒字幅拡大に向けがんばります」

（大阪営業所　Yさん）


「メッセージ拝見しました。5階も相変わらず閉塞感が漂っていますが、皆さん根が明るいので、意外と下を向く人は少ないです。レターから感じたメッセージは、既存案件はとにかく売却とリファイナンス、新規案件は原点回帰と（当面は）フィービジネスだと理解しました。コンプライアンス上の問題については発生しないように5階の案件や各営業所案件と、こと細かく相談しています。

1点だけ、中長期的なお願いがあります。

アセットマネジメント部隊だけを8階に移しているため、コンプライアンス上、さまざまな歪みが出ています。ケネディクスとケネディクス・アドバイザーズ間のファイヤーウォール[*1]が構築できないため利益相反を起こしやすい、再委託費用などの会計処理が複雑でJ-SOX[*2]上危うい……etc。相互の金商法のライセンス上できること、できないことを考慮して、将来的に、以下のように、はっきりと業務分担できると幸いです。

ケネディクス・アドバイザーズ：不動産私募ファンドの運営のみ

ケネディクス：不良債権私募ファンドの運営、開発業務（設計・監理業務）、アドミニストレーション業務、プロパティマネジメント業務」

（コンプライアンス部　Yさん）

「すべてのことをお話になっているのではないとしても、このメッセージを拝読して新たに知ったこと、感じたことが多くありました。読後、素直に『わかった。自分もできるだけのことを頑張ろう』と思いました。内容はもちろんですが、表現をストレートな話し言葉で出されたからだろうと思います。素晴らしいです。

直接の発信は非常にありがたいものです。職務上、社長に接する機会のほぼない私でも会社の一員として扱っていただけるのだなあとの実感を得て、少々誇らしく、頑張ろうという気になります。また、人から人へ伝わるうちに、その人なりの憶測や価値判断や配慮が加わって、最初のメッセージや事実は変わって伝わるもの……時に良い効果もありますが、こういう不透明な時期には、むしろそういった装飾を抜きにして聞きたいものです。

今回のメッセージは『ケネディクスの大変さ』のマグニチュード（※）を窺い知るいい機会にもなりました。立ち向かう敵の全容がわからないと漠然と無限に不安ですが、敵の大きさがわかればそうでもないです。それに立ち向かう勇気も知恵もはるかに出やすいのではないでし

＊1　ファイヤーウォール（Firewall）とは直訳すると「防火壁」で、利益相反を起こしやすい2つの会社を問題が起こらないように隔てるための対策。インターネット業界では不正アクセスやサイバー攻撃などから壁の内側にあるネットワークやサーバー・PC、データを守るための機能を指す。

＊2　上場企業における財務報告の信頼性の確保を目的とした内部統制報告制度のこと。米国のSOX法を手本として成立しているため、日本版SOX法という意味で「J-SOX」と呼ばれている。

ょうか？　また、単に『大変だから○○せよ、○○するな』というより、よいプライドを持つ人々からの、自律的なさまざまな工夫も出やすいだろうと思います。

（※）マグニチュードというのは、前の職場のボスの口癖でした。担当する投資案件の検討でリスクの説明をすると必ず『マグニチュードは？』と聞き返すのです。抽象的なリスクのあるなしだけでなく影響先・大きさ・深さの具体的評価を説明しろ、という彼なりの比喩です。再び管理部門（コンプライアンス業務）に戻ってみると、コンプラ業務に特に大切な意識だなあと思う次第です。

ところで、聞き及ぶ同業者の状況や、店じまいをした元の職場（ムーア・キャピタル）の状況を考えると、不思議なくらい、この職場（私が知っているのは5階）の空気はあまり変わりません。こんな環境で、険悪な対立や露骨な足の引っ張り合い、仕事放棄、ブラックメール、派閥抗争、疑心暗鬼が生じない理由は何なのでしょう？　不思議に思うとともに、感動していています。執行役員3名が誠実に一生懸命働いている姿を目の当たりにしているからでしょうか？

（単に社員に性格のいい人が集まったから、だけとは思えません）

この会社の一員になれてよかったと、掛け値なしに改めて思った一つです。

未だブリザードのやまない経済環境で、心身とも大変な日々が続いていることとお察ししますが、年末年始はご家族ともども、しばしゆっくりとお休みください。元気な姿を社員に見せ続け安心させるのも社長の大事な任務。だからそのための休養は不可欠な一つの仕事だと確信しています（僭越ですみません）」

（コンプライアンス部　Sさん）

「大阪にいるため東京の状況はよくわからない現状ではありますが、不動産、金融、プロパティマネジメント、サービサー（債権回収会社）等種々の業種の人が当社のビジネスに関わっている中で、各人が適材適所の陣容となっているのかどうかという部分では疑問があります。これから少しでも収益を上げなければいけない中で、金額の大小にかかわらず各人ができることをすることで収益を上げていく。まず得意な分野で何ができるのか、外的要因によりそれが生かせないのであれば1円でも儲かる仕事をすることが必要でないかと思います。不動産出身であれば、少しでも高く売ることが得意なはずです。金融であれば、何とかお金を引っ張ってくること、プロパティマネジメントであればいかに100％稼動にするか、コストを下げるかに注力することが大前提ではないでしょうか。また、何となくですが、アセットマネジメント会社なのでプロパティマネジメントの仕事は自分のする仕事ではないといったような上から意識が蔓延しているような気がします。上流部門、下流部門等は今しばらくはありえないと思います。

　アセットマネジメントの状況ですが、例えば大阪営業所でタッチしている住宅ファンド案件とそうでない案件での募集条件等についても『何でこんな条件にしているの』と東京に聞くと、『東京ではPMさんの方針でこの条件でしています』てな具合に何も考えていない（場当たり的な）動きをしていたりする部分もあり、関西エリアのアセットは大阪で見る、近くの営業所が見るようにしないとプロパティマネジメント会社にいいように使われている物件もあるのではないでしょうか。福岡営業所は残念ながら閉鎖となる見込みとのことですが、もったいないです。

　最後に権限委譲がどこまでできているのか、責任の所在がどこにあるのか不明確ではないかと思います。具体的事例等含め、次回大阪営業所におみえになる折、じっくりとお話ができればありがたいです。

　これまで自分が何をどこまでできたのか、何をしてきたのかと問われると100％自信を持って答えられるかどうか疑問ではありますが、また、非常に生意気であることは重々承知しておりますが述べさせていただきました」

（大阪営業所　Sさん）

そして、年が明けて２００９年の正月明けの全社員へのメッセージ。

社員向けレター　その④

「２００９年1月5日

社員の皆さん。

あけましておめでとうございます。今年は連続9日間休めた人も多いのではないかと思います。昨年の疲れを癒し、今年に向けて十分に充電できたのではないでしょうか？

昨年12月18日の『社長からのメッセージ』については、12名の方々からご意見、ご感想をいただき、とても参考になると同時に励まされる部分も大いにありました。

今年は、経済環境としては、昨年よりも一層悪化する中、ケネディクスにとっては前半に対処すべき課題が山積しています。まずは、①２００８年度の決算を巡る監査法人との各種交渉、②ローンの満期が大量に来る中、銀行団の支援を得つつ、その長転、延長、物件売却等による対処、③決算発表とそれに続くＩＲ、④3月26日予定の株主総会、⑤豊洲グランスクエアのドイツのファンドへの売却、⑥資本増強策などなど。一つ一つ着実に仕上げていくしかありません。
ここで、昨年のオフサイトでちょっとだけ披露したコーポレート・ミッションの発展版を思い出してみましょう。ケネディクスのみならず、ケネディクス・アドバイザーズ、ケネディクス・リート・マネジメントの社員と共同でつくったものです。

1．事業の目的〈何のために？〉
投資家の資金の不動産分野における最適運用と不動産の価値創造を通じて、社会に貢献します。

2．事業の分野〈誰のために？〉
グローバルな不動産アセットマネジャーとして多様な役割を担いながら、投資家の皆様に最適な不動産投資機会を提供します。

3．事業の方法〈どのように？〉
堅実かつ公正を基本とし、経営のスピードと柔軟性をもって、新しい挑戦を続けます。

さらに若干の修正を加え、かつ、英語・中国語版も用意して役員会決議を経て制定する予定です。

社員の皆さん、今年は、上記1、2、3を心に刻みつつ、基本に返りましょう！ ケネディクスのバランスシートの問題や、資金繰りの問題の解決は経営陣の仕事です。これらが解決した暁には必ず世界中の投資家に認めてもらえるような『良いアセットマネジャー』になるべく一丸となって頑張りましょう！ ただし、平坦な道ではないです。でも、みんなで頑張れば必ずや達成できます。

では、今年は正念場ですが、明るく、楽しく、頑張りましょう！」

一番仲が良かった同業のクリードが会社更生法の適用を申請

2009年が明けて早々の1月9日金曜日、親友の宗吉敏彦さんが社長を務めるクリードがとうとう「日比谷公園を渡った」。ついにその日が来たか、と思った。

新興系不動産会社の多くは当時、有楽町や新橋に本社を構えていたため、法的整理を申請するために日比谷公園を抜けて東京地方裁判所に赴くことになる。だから「日比谷公園を渡る」とは、業界では法的整理を決断することを意味していた。

ただ、クリードの会社更生法は「DIP型」で、会社更生法の適用申請後も経営者が引き続き再建に当たるという特殊なものだった。そのためDIP型は再建スピードが速く、「転んでもただでは起きないとは、さすが宗吉さんだ」と感心した。クリードが更生手続きを終結したのは2011年1月12日と法的整理を申請してから2年後で、通常の再建スピードの2倍の速さだった。当初92%としていた債務の免除率も91・4%と想定よりも少し多めの返済を実現することができた。宗吉さんの判断は正しかったのだ。

会社の事情に精通した人がそのまま社長として経営再建の指揮を執ったのがよかった。とはいえ法的整理を申請した2009年1月9日は大変だった。夕方、三井住友銀行次長の吉岡史人さんから携帯に連絡があり「先ほど宗吉社長が当行の赤坂支店に〝臨終の挨拶〟に来られました」と教えてくれた。実はその日、当時クリードの役員だった三谷力《つとむ》君も参加する飲み会があった。今日はさすがに来ないだろうと思っていたが、彼は遅れて「僕ら今日死にました。ごめんなさい」と言いながらやって来た。幽霊のようにフラフラしていた。その日は「そうかあ、あいつはどうだ。日比谷公園渡るのか?」といった話で持ちきりになった。会社の倒産がどんどん身近になってきたのを感じた。

その頃、金曜日になると東京・兜町の東京証券取引所で、経営破綻した会社が記者会見を開いていた。マーケット（金融市場）への影響を考慮し、会社の倒産手続きをするのは金曜日、しかも倒産の記者会見は市場の取引がクローズする午後3時以降というのが業界の慣習となっていたのだ。

集まった記者たちを前に経営陣が起立して頭を深々と下げるあの光景が毎週、金曜日になるとどこかで見られた。まさに「魔の金曜日」で、僕たちも帝国データバンクの倒産情報をネットでチェックするのがルーチンになっていた。

悪夢が現実に

「メザニン・ローンがヒットしてしまいました」。そう部下から報告を受けて血の気が引いた。メザニン・ローンとは元本の返済順位が低い代わりに高い金利がもらえるローンのこと。リスクは中程度だが、この問題が２００９年の年明けから勃発していた。

ケネディクスはS社のファンドのメザニン・ローンの「債務保証」を、手数料をもらって請け負っていた。元本は50億円。万一S社のファンドでデフォルト（債務不履行）が発生した場合は、ケネディクスが肩代わりする必要がある。ただ、その際はＳＰＣ（特別目的会社）の不動産物件を安く買える権利を得られる（２２９ページ図５－２参照）。

不動産市況が堅調なうちは問題なかったが、リーマン危機によって状況が変わった。デフォルトがあちこちで発生するようになった。そうなるとケネディクスは債務保証を履行しなければならない。しかし、この時ケネディクスが持っていた現預金は20億円しかなく、50億円は簡単に用意できるような金額ではなかった。ＳＰＣから不動産物件を譲られても転売などできる状況にはない。困惑するしかなかった。

監査法人にメザニンのデフォルトの件を伝えたところ、ケネディクスの２００８年12月期決算に対して債務不履行状態であることを理由に、意見書は書けないと申し渡された。目の前が真っ暗になった。

この状況では神頼みしかないと、霊験あらたかと評判の秩父の三峯神社に妻とともに片道3時間かけて赴いた。「何とか会社が持ちこたえられますように」と、会社を守りたい一心で祈祷《きとう》、おはらいをしてもらった。

もちろん神様にすがるだけでなく、自分でできることはあらゆる手を尽くしてすべて行った。ケネディクスが持っているオフィスビルや商業施設を「何月にいくらで購入する」といった買い付け証明書を親しい関係先に何通か出してもらい、「このように現金ができるので、資金繰りは問題ありません。こうやって1年回すことができます」と粘り強く監査法人を説得し続けた。しかし、埒《らち》があかなかった。

三井住友銀行丸の内法人営業部長を務めていた石井仁さん（現・国際自動車社長）に至っては「ケネディクスの資金繰りは可能な限り当行が支えるので大丈夫です」と監査法人に何度も掛け合ってくれたが、監査法人は「意見書は出せない」の一点張りだった。それでもメザニンの50億円の支払いについては、条件付きで何とか猶予してもらうことができた。ところが今度は、２００８年12月期の決算で１０８億円の純損失を出したことでシンジケートローンの純資産維持条項に抵触するということで、これが問題となった。こうした状況下で２００９年２月の決算発表日が目の前に迫ってきていた。

当時、危機に直面していたのは僕らだけではなかった。世界中がパニックに陥っていた。各国の株価は暴落し、２００８年10月の東京株式市場の時価総額は1年前の５３０兆円から２７０兆円へとほぼ半額まで下落した。金融秩序がおかしくなると消費意欲も減退するせいか、ＧＭやクライスラーなどの巨大メーカーも経営破綻の危機に直面していた。各国政府は矢継ぎ早に金融機関への公的資金注入を決定。米国25兆円、英国９兆円、ドイツ11兆円、フランス６兆円と、米国と欧州だけで総額60兆円を超えた。世界の大手金融機関は中

図4-3　主要国の株価の推移

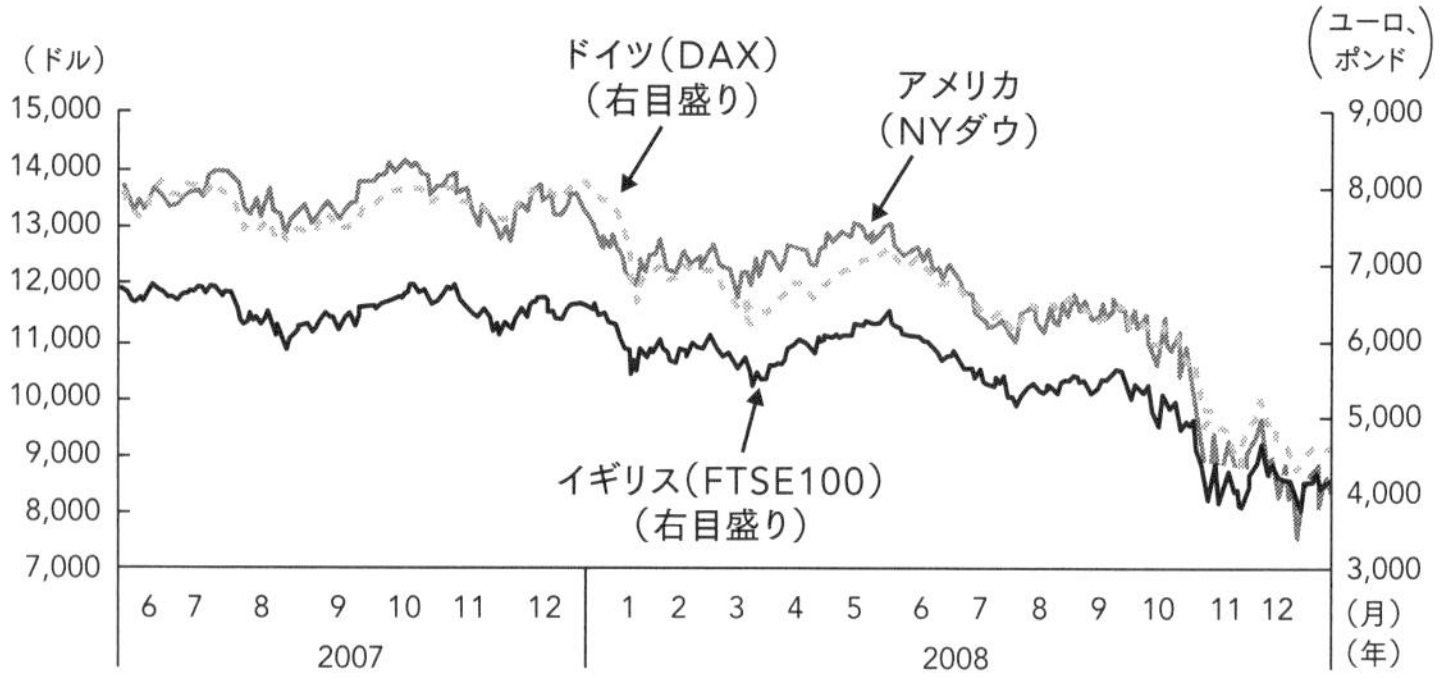

出典：内閣府「世界経済の潮流 2008年 II ― 世界金融危機と今後の世界経済」平成20年12月
（ブルームバーグより作成）

近東やシンガポールのSWF（政府系ファンド）に数千億円単位の増資を引き受けてもらった。

驚いたのは三菱UFJFGが資金難に陥った米国モルガン・スタンレー救済のために、20％の株式を1兆円で引き受けたことだった。各国政府は金融支援に加えて緊急経済対策を発表。日本政府も2009年4月には57兆円という過去最大規模の経済危機対策を発表した。

米国サブプライムローンを裏付け資産とした洗練されたはずの金融商品を世界中の金融機関が大量に購入した結果、一瞬にして世界中がパニックに陥ったのだ。「何て恐ろしい世の中だ。人間は定期的にこういう過ちを犯す動物なんだ」。しかし、それはそれとして自分は目前に迫った2008年度の決算発表をしなくてはならない。

当時通い詰めた三井住友銀行の旧・大手町本部ビル
photo by Lover of Romance CC-BY-SA, from Wikimedia Commons

第 5 章

潰れてたまるか

GC注記

２００9年2月13日。ついに決算発表の日が来た。

メザニンの債務は条件付きで返済期限を猶予してもらったのに、次は財務制限条項に抵触する問題が発生していた。２００8年12月期の決算で１０8億円の純損失を出したことで、純資産維持条項に抵触したのだ。慌てて手分けして各銀行を回り「期限の利益*は喪失させない」旨の書面（いわゆるウェーバーレターと呼ばれる書面）を取り付けたものの、その努力もむなしく、２００8年12月期の決算書類に「意見書は書けない」という監査法人の態度はますます硬化した。

最も恐れていた事態だった。自分の会社が今後以下の理由で継続できなくなる可能性があります、というGC注記（「継続企業の前提に関する注記」＝Going Concern注記）を有価証券報告書に記載しなくてはならなくなったのだ。

当時よく「あの会社もGCが付いたから潰れるのはもう時間の問題だな」と言っていた。GC注記を記載することを俗に「GCが付いた」、業績が回復して注記不要となった場合は「GCがはずれた」という言い方をしていた。いずれも監査法人の差配だった。

リミットが迫る中、監査法人が監査報告書に意見を書くまで決算発表日を延期する手もあったのだが、これは体裁が悪い。決算発表日延期のリリースを出す会社はいくつもあったが、そういうところは「この会社、大丈夫？　危ないんじゃないの？」とマーケットから見られ、最終的には意見書を取れなくて潰れていくというパターンが多かった。

「もうやるしかない。倒産するならそれまでだ」と腹をくくり、意見書がないまま決算発表を予定通り断行した。ＧＣ注記も付けた。意見書が取れていないため決算説明資料の冒頭には「監査法人による監査は未了」と堂々と書いた。資料を配布すると会場の空気が凍りつくのがわかった。〝意見書なし〟のインパクトは大きく、出席したアナリストたちが「ケネディクスよ、ついにお前もあの世行きか」と思っているのがわかった。

「意見書はいつ取れる見込みですか」といった質問があったが、内心「逆にこっちが聞きたいよ」と思いつつ、「そんなに時間はかからないと思います。できるだけ早く取るつもり

＊期限の利益とは、一定の期日が到来するまでの間、債務（例：借金の返済／代金の支払い）を履行しなくてよい利益を意味する。また、期限の利益の喪失とは、「期限の利益」が失われること。つまり、債権者は期限の利益によって猶予されていた債務の履行を、債務者に請求できるようになる。期限の利益の喪失事由は契約ごとに定められており、期限の利益を喪失すると、債務の一括返済を求められる場合がある。

図5-1 決算発表会資料から

はじめに：継続企業の前提に関する事項の注記について

KENEDIX

■当社は、2009 年 2 月 13 日開催の取締役会において、2008 年 12 月期の決算短信における継続企業の前提に関する事項について、注記することを決議いたしました。

■当該決議を行うことになった背景と致しましては、足元における急激な事業環境の悪化から大幅な当期純損失の計上を免れず、結果として一部の借入契約における財務制限条項に抵触することになり、継続企業の前提に重要な疑義が発生したためです。

■当該財務制限条項の抵触については、2009 年 2 月 6 日までに、期限の利益を喪失させないために必要なだけの同意をシンジケート団より書面で受領しております。また、主力取引銀行を中心に当社グループへの支援についても十分な了解を得ており、従来通りの事業継続に懸念はないものと判断しております。

■当社は、当該疑義を早期に解消すべく、今般策定した中期経営計画をベースに速やかに健全な財務体質と安定的な収益基盤を確立していく所存です。

■なお、本決算発表を行っております 2009 年 2 月 13 日現在におきましては、2008 年 12 月期の計算書類に対する監査法人による監査は未了で、継続しております。しかしながら、決算発表を延期することは関係者の不安につながるものと思料、現時点での事実関係を早期に公表することが重要と判断いたしました。2008 年 12 月期の計算書類に対する監査に関しましては、速やかに完了させるべく進めております。

連結損益計算書の概要

KENEDIX

■市場環境が激しく変化する中で、営業収益については前年同期比でほぼ同水準を確保したものの、物件売却利益の減少及び特別損失計上の影響が大きく、純損失となりました

（単位：百万円）

	200712 期	2008/12 期	前年同期比
営業収益	¥138,025	¥137,431	-0.4%
営業利益 （売上高営業利益率）	30,863 （22.4%）	16,267 （11.8%）	-47.3%
経常利益 （売上高経常利益率）	26,120 （18.9%）	5,316 （3.9%）	-79.6%
当期純利益 （売上高当期利益率）	14,662 （10.6%）	-10,850 （-%）	-

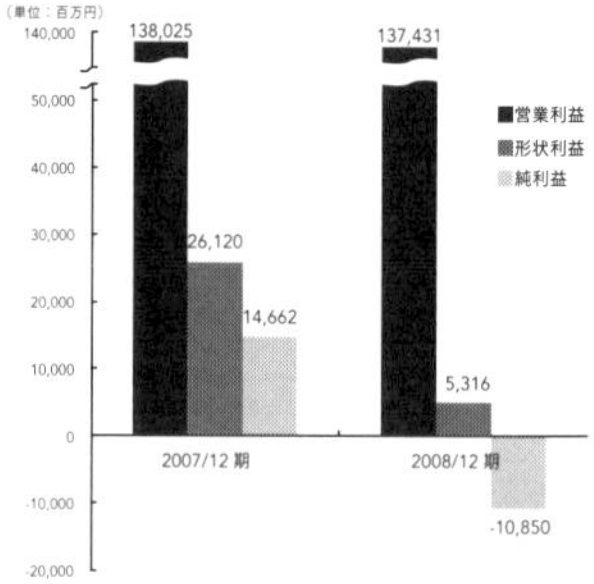

です」などと答えた。尋常でない雰囲気の中、折れそうになる心を奮い立たせながらの決算発表会だった。

２００８年だけで２００社以上にＧＣ注記が付き、その大半が潰れていったので、これから前向きの営業、取引は難しくなる。投資家から見れば、ケネディクスにアセットマネジメント業務を任せたくても潰れられたら困るから「ＧＣ注記がはずれてから」とか、「仮に業務を任せるにしてもバックアップのアセットマネジャーも同時に用意してくれないと難しい」ということになる。

決算発表の日、社員には以下のメッセージを送った。

社員向けレター　その⑤

「2009年2月13日
社員の皆さん。
当社は、本日、２００９年2月13日に２００８年12月期（昨年度）の決算発表を行いました。

決算内容の詳細に関しては、ホームページに添付予定の決算説明資料を熟読してもらいたいのですが、連結ベースでは100億円を超える赤字への転落という非常に厳しい内容になりました。

今回の決算で大幅な赤字を計上した結果、当社の一部の借入契約において予め定められていた『財務制限条項』と呼ばれるルールに抵触し、その結果、今回の決算内容について『継続企業の前提に関する注記』を付すことを合わせて発表しています。これに加えて、監査法人の監査未了という異例の状態での発表となりました。普通であれば、監査が終わってから発表する予定でしたが、残念ながら監査が本日までに終了しませんでした。発表自体を監査が終わるまで延期するという選択肢もありましたが、これをやると関係者が疑心暗鬼になり、得策ではないと判断し、あえて、13日時点での実態を関係者に発表する道を選択しました。監査については速やかに完了させるべく、今も監査法人と調整を進めています。

今回、『継続企業の前提に関する注記』が付いたことによって、部署によっては取引先が心配し、いろいろ質問、要望が出てくるかもしれません。バックアップのAM（アセットマネジメント）を付けてくれとか、敷金が心配だとか……。総務、財務、経理においては、株主の皆さんからの問い合わせが激増することが予想されます。各部長、リーダー、担当においては、それらの問い合わせには一つ一つ誠実に対応してください。わかりにくい内容も多いですが、以下になるべくわかりやすく説明しますので、まずは皆さんがしっかりとその内容を理解してください。その上で、お取引先や投資家様にもきちんとご説明をできるようにしてください。疑問点があればあやふやにせず、財務経理部や経営企画部に問い合わせて内容を確認するようにしてください。

まずはじめに、今回問題となった『財務制限条項』について説明します。財務制限条項とは、銀行などのレンダーが貸付を行う際に、その契約において、お金を借りる債務者（つまり当社）の財政状況が一定条件以下となった場合には、レンダーから請求があれば即座に貸付金の返済を行わねばならないことを約した条項のことです。当社の場合、２００８年において１２６億円の赤字（単体ベース）を計上したことで、当社単体の純資産が２００８年6月末から12月末にかけて33％減少することになり、純資産が25％以上減少することを制限した条件に抵触することとなりました。この結果、当該財務制限条項を有するレンダー側には即座に貸付金の返済を請求することができる権利が発生しました。問題はレンダー側が実際に貸付金の返済を請求するか否かですが、レンダー側とはすでに交渉を行い、当該請求を行わないことについてすでにレンダー側の同意をいただいております。したがいまして、当該財務制限条項の抵触により、当社が資金繰りに窮し破綻するような可能性はありません。

次に、『継続企業の前提に関する注記』について説明します。企業が継続して事業を運営していくためにはいくつかの前提があります。その一つに資金計画があります。安定した資金計画なくして、継続企業として事業を運営していくことは困難です。今回、決算において大幅な赤字を計上し、その結果、財務制限条項に抵触したという事実は、返済請求を受けなかったとはいえ、継続企業の前提である資金計画に大きな課題を残したことは確かです。このような重要な課題が発生した場合には、上場企業として開示をしなければなりません。それを決算短信などに注記という形で記載したものが『継続企業の前提に関する注記』です。あくまでも、注記は業績悪化などを理由とした企業継続における重要な課題が発生した場合に投資家向けに適切に開示するものであり、直接的に会社の破綻を意味するものではありません。2008年には201社もの会社が注記を開示しております。民事再生などの破綻に追い込まれた会社は、最終的に金融機関の理解が得られず資金計画が破綻した一部の会社です。当社は資金計画に課題はありますが、三井住友銀行を中心に主力金融機関の理解を得られており、破綻する心配はありません。今後、財務体質を改善し安定的な収益基盤を構築することによって資金計画の安定性が確保されれば、注記は外れることになります。今後は、早期に注記を解消することを目指していきます。

言うまでもなく我々を取り囲む事業環境の厳しさは未曾有の状況です。そのような環境の中で注記を外せるようになるためには、皆さんの一丸となった努力が不可欠です。今後当社が目指すべき方向性については、本日発表した決算説明資料に掲載されている中期事業計画に記載していますが、当社は『アセットマネジャーへの回帰』を進めていきます。具体的には以下の3つの柱を掲げています。

1. 受託資産残高の成長：2013年には1・2兆円のAUM（受託資産残高）最低限実現！
2. バランスシートのスリム化：3年程度かけ現在2100億円ある棚卸資産を600億円程度にまで削減（毎年500億円の削減）！
3. 安定的な収益構造：AUMを増加させるとともにアセットマネジメントフィーの料率を落とさないAMサービスの提供！

今後は、バランスシートに負担がかかり事業リスクの大きい自己投資は抑制し、不動産アセットマネジャーとして顧客投資家の利益拡大に努めていきます。そのためには、とにもかくにも現在2000億円ある棚卸資産の売却を早期に進めるとともに、顧客投資家に支持される付加価値の高い顧客サービスを追求しAUMを着実に積み増していく必要があります。合わせて、従前からお願いしている経費削減をさらに進めながら、利益の出やすい体質を構築していくことも大切です。皆さんにご負担をおかけすることについては、大変申し訳なくお詫び申し上げます。ここは全員で一致団結し、早期に業績を回復させ、注記の解消を目指さなければなりません。改めてご理解・ご協力をよろしくお願いいたします。

厳しい話ばかりとなりましたが、私は当社の将来性については疑っていません。貯蓄から投資へという大きな流れの中で、紛れもなく不動産投資市場は不可欠なマーケットです。日本の不動産投資市場には依然として成長余地が大きく、グローバルな比較の中でも日本の不動産の投資商品として優位性は向上していくと考えています。その中で、グローバルな投資家から支持を受け、日本の不動産投資市場を健全に発展させていくためには、日本の不動産市場・証券化手法に通じ信頼できる、我々のような不動産アセットマネジャーの存在が不可欠であり、期待される役割も大きいといえます。当社は、日本の不動産証券化の黎明期より事業を行っており、積み重ねてきたトラックレコードがあり、何よりも優秀な社員に支えられています。私は、当社がこの難局を乗り切ることにより、これまでよりもさらに大きく羽ばたくことができると信じています。

厳しい環境ですが、笑顔を忘れず気を引き締めて乗り切り、大きな自信にしましょう」

最悪の2009年3月

決算発表は何とか乗り切ることができたが、次には株主総会が控えていた。

株主総会を開くには事前に招集通知を発送しなければならない。何もなければ招集通知には決算内容を「監査法人による監査報告」として掲載する。しかし、監査法人の意見書が取れていないため、決算書は「報告事項」ではなく「決議事項」となってしまう。そこで、招集通知はA案＝監査法人の意見書が間に合った場合、B案＝意見書が取れなかった場合の2案を用意し、期限まで発送を待つことにした。

意見書がないまま株主総会を迎えることになれば、「意見書はないですが、この決算書を認めてください」と言って承認してもらう必要がある。そんなことをやった会社が今までにあるか聞いたこともなかったが、いざとなればやるしかない、と腹をくくった。

とはいえ、最悪の事態は何としても避けたく、監査法人には前述のウェーバーレターの価値や資金繰りの蓋然性を何度も粘り強く説明し続けた。その結果、最終的には監査法人が意見を表明してくれたのだ。おかげで「意見書あり」のA案で招集通知を出すことができた。まあとにかく監査法人の説得は大変だった。

このままでは、いわゆるカタカナ系の新興系不動産会社は市場から一掃されてしまう――そんな危機感から新興系不動産会社、リート会社など不動産業界の仲間で陳情団をつくり、2009年年初めから3月頃にかけて2、3回ほど自民党を訪れ直談判した。

陳情にはエムケーキャピタルマネージメント（現・イデラキャピタルマネジメント）の社長だった加藤一郎太さん、トーセイの山口誠一郎社長たちも同行した。こちらも必死だったので、対応してくれた自民党の若手議員7、8人を前にバンバンと机を叩いてまくし立てた。

「ケネディクスは現在、20棟以上の老人ホームを運営しています。お預かりしているお年寄りは1300人にも上ります。もしうちが潰れたら、お年寄りたちは路頭に迷うことになりますよ。それでもいいんですか」

僕たちの仲間内でパシフィックホールディングス社長の織井渉君だけは陳情に加わることができなかった。同社は3月10日、東京地裁に会社更生法の適用を申請したため、もはや陳情する意味がなかったからだ。パシフィックホールディングスの負債総額は子会社2社を含め1940億円。2008年度に倒産した上場企業で4番目の規模となった。中国企業から資本支援を受けようとぎりぎりまで交渉を進めていたが、合意は得られなかった。結果として法的整理を選ぶしかなかった。

さて、政治家に陳情したものの、その結果は空しいものだった。話は聞いてくれるものの、何らかのアクションをすぐに起こしてくれるわけではない。そうしているうちに状況は切迫してきた。「パシフィックホールディングスの次はケネディクスでは?」との憶測から か、ケネディクスの株価はピーク時の40万円から5000円へと80分の1にまで落ち込んでいった(127ページの株価チャート参照)。この頃は株価が10分の1、50分の1、100分の1になると、その3、4日後に倒産、というのが破綻の方程式だったので、「80分の1か……、あと数日でケネディクスも消えるのかな」と思ったのを鮮明に覚えている。

プランBの準備、そして株主総会

そんな状況だったので、ケネディクスも「Xデー」を想定し、準備を進めざるを得なくなった。そこでまず、弁護士に相談することにした。弁護士にもいろいろあるが、企業の法的整理、つまり倒産に強い弁護士たちのもとを訪問した。そして、もしケネディクスが法的整理するとしたら、会社更生法でいくか、あるいは民事再生法か、SPCのどれとどれを一緒に整理するべきか、といったシミュレーションを繰り返していった。

対応してくれた弁護士は、開成高校時代の同級生だった。月に2〜3回の定例会議を行い、ケネディクスの担当役員にも参加してもらった。暗澹たる気持ちだったが、弁護士からは「この状況では厳しいですね。残余現金が少ないと更生法ではなく破産法になってしまう恐れがあるので、早く申し立てたほうがいいでしょう」と追い打ちをかけられた。

辛く泣きたい気持ちではあったが、会社で待つ社員たちは何も知らされていない。気づかれないように社内では努めて明るくふるまった。このマインド・セットは本当に大変だった。会社のエレベーターのドアが開いた瞬間に暗い気持ちを強制的に捨て去って、何事もなかったように笑顔でオフィスに入るのだ。

社内の監査役の一人から「同業他社は次々と潰れているのですから、倒産は決して恥ずかしい状況ではありません。川島さんもどうか無理なさらずに裁判所に行かれては？」と言われた。財務状況から見てもきわめてまっとうな意見だった。しかし、口を衝いて出たのは「テメー、ふざけるな！」だった。

とはいえ、Xデーへの準備は粛々と進めていった。その中で、倒産するのにも金がかかることがわかった。そこで、パシフィックホールディングスが会社更生法の適用を申請する前に、社長だった織井渉君にこっそり法的整理の費用がどれくらいかかるかを聞いてみた。

「会社更生法を選ぶなら、申立時に3カ月分の社員の給料と弁護士の着手金程度のキャッシュが残っていないと無理でしょう」

織井君はそう教えてくれた。会社更生法は〝会社を更生する〟のが目的であるから、最低限そのくらいの現金がないと、債務を免除しても再生は難しいと裁判所が判断し、その結果、破産法の部署に回されるだろうということだった。織井君のところはいくらあるのかと聞くと、16億円程度とのことだった。

一方、当時のケネディクスには約12億円しかなかった。社員数などで比べるとケネディクスはパシフィックホールディングスの約半分。12億円でぎりぎりだったので、「これはヤバイな」と思った。しかも、融資を受けている銀行の口座にそのお金がある場合は、いったん凍結されるとのこと。それを聞いて慌てて取引のない銀行に新口座をつくり、まさかの時の備えとして、そのあとに売れたビルの売却代金8億円をそこに預けた。

この頃、経理部では従来の資金繰り表「月次資金繰り表」に加えて、「日繰り資金繰り表」というものを作り始めた。毎日何が起こるのかわからないので、予測精度を少しでも上げるために3カ月先、約90日分の日繰り表を2週間ごとにアップデートしていくのだ。例えば2009年6月8日作成の90日日繰り表によれば、6月末の使用可能な現金は17億円、7月末が12億円、8月末がマイナス3000万円。しかし、さまざまな営業努力、物件売却や借り換え等によって、6月17日作成の90日日繰り表によれば、6月末が使用可能現金22億円、7月末が12・5億円、8月末がプラス1700万円となっていた。7月1日作成の90日日繰り表だと7月末の使用可能現金が22億円、8月末が9億円、9月末が6億円。こんなことをずっとずっと繰り返していた。

心身ともにボロボロの状態だったが、2月13日の決算発表時にはなかった監査法人の監査報告書をようやく受け取ることができ、3月31日に新橋の航空会館で株主総会を開催した。総会は2部構成とし、会社法上必要な決議事項を第1部で手早く終わらせ、第2部で株主に徹底的に質問をしてもらう形を取った。株価はピーク時の80分の1となっており、有価証券報告書にGC注記が記載されているので、株主の疑問にきちんと答える必要があると考えたからだ。

ところが第1部で質問は全くなく、第2部では「死ぬなよ」「頑張れ」といった株主からの声援ばかりだった。この時の株主たちの温かい励ましは一生忘れられないだろう。

しかし目の前の現実は厳しく、リストラを進めざるを得なくなった。海外事業部を廃止し、福岡営業所、そしてルーマニアオフィスも閉鎖した。9カ月間だけという約束で一部の社員の給料を10～30％カットさせてもらった。希望退職は社内の空気を悪くすると思われたので回避したが、10人ほどの社員には取引先に出向をお願いした。これで人件費を年間5000万円程度削減することができた。もちろん経営陣が血を流し、役員給与は2008年12月から50％カット、タクシーも会長の社有車も廃止した。これで会社に少しでもキャッシュが温存される。

ところが僕の場合、最高益だった前年度の2007年は賞与も過去最高だったため、前年の収入に応じて課税される住民税が給与よりも多くなり、手取りがマイナスになる逆転現象が起こった。

人事部から相談があったので仕方なく、２００９年7月以降は計算上の月給の赤字分（確か毎月8万円くらいの赤字）を毎月会社に振り込んでいた。死ぬほど働いているのに会社に給与を振り込むという経験は、後にも先にもこの時だけだった。

貸し剥がし

この年3月は年度末ということもあって、銀行の貸し剥がしが異常なほど激しくなった。「今すぐに返せ」と追い込んでくる。特に当時の新生銀行は容赦がなかった。返済期日が来ると原則として借り換えには応じず、応じたとしても3カ月後が期日の融資なら次は1カ月後と、返済期日をどんどん縮めてくる。さらに1カ月の期日が来ると今度は1週間後、そして最後は3日と縮められた。やむを得ず3日ずつ借り換えて3回くらいで何とか全額を返済した。これは本当にきつかった。まあ銀行の大方針だから仕方がない。むしろ担当者は行内でよく戦ってくれた。

一方でこんなこともあった。ケネディクスのリートに融資をしてくれていた、ある銀行が同様に「今回はいったん返済してください」と言ってきた。しかしこれは銀行としての〝ポジショントーク〟だったのだ。同日、その銀行の担当者が再びやって来て「申し訳ありません」と言いながら、こう教えてくれた。

「川島さん、よろしければ金融庁に電話してみてください。もしかしたら道が開けるかもしれません」

そこで、すぐに金融庁に電話して事情を話し、その銀行を止めてくれるようお願いしたところ、2日後に本当に止まったのだ。ほっとして胸をなでおろした。日本の金融秩序を維持するため、金融庁はあらゆる手を尽くしてくれていたことがわかった。

いずれにしてもこの状況下で会社のキャッシュはみるみる減っていった。このような非常事態の中では、キャッシュの確保がものをいう。そこでキャッシュをつくり出そうと社内で「真水創出プロジェクト」を立ち上げた。といっても〝プロジェクト〟とは名ばかりで、実際にはケネディクスが持っている資産で売れるものは全部売る、という程度のことだった。

それでもこうして必死にもがいていると、助けてくれる人も現れる。三井住友銀行丸の内法人営業部長の石井仁さんと部下の磯和さんや岩本さん、ストラクチャードファイナンス営業部の吉岡史人さん（偶然だが彼は開成の7年後輩）が土日の午後に同僚や部下とともにケネディクスに来てくれた。資金繰りのプランについて一緒に考えてくれたのだが、大いに助けられた。こうして石井仁さんはケネディクスを支援するチームを行内に立ち上げてくれたのだが、これが途轍《とてつ》もなく強力で「さすがは金融のプロ」と唸らざるを得なかった。

さらに3月末には、三井住友銀行と三菱東京ＵＦＪ銀行（現・三菱ＵＦＪ銀行）が共同で１５８億円のシンジケートローン（協調融資）を組んでくれた。それぞれ別々に組成された2つのシンジケートローンを一本化しただけで真水ができるわけではないが、これが「三井住友銀行と三菱東京ＵＦＪ銀行がケネディクスを本気で支援している」という市場へのメッセージとなり、その後の1年半という時間を買うことができた。銀行からすればＧＣが付いた２００８年12月期の決算に対し、２００９年1月末にケネディクスを見放すという選択肢もあっただろう。しかしこの2行は、ケネディクスだけは何とか支えようと意思表明をしてくれたのだ。審査担当役員を説得するのは至難の業だったと思うが、さまざまな局面で説得し続けてくれたのだと思う。

ロイヤルバンク・オブ・スコットランド（ＲＢＳ）を口説き落とす

同年5月、過去に三菱東京ＵＦＪ銀行が地銀や外資系金融機関とともに組んでくれたシンジケートローン（前述のシンジケートローンとは別のローン）の返済期日が迫っていた。これには9つの担保物件がついており、これを売って返済すれば問題なかったが、そんなことができる状況ではなかった。

そのためローン期限の延長を願い出るしかなかった。しかし銀行というものは、景気がいい時はローンを組成する際に他のローン参加各行に直接新規の営業などはしないよう釘を刺すのに、市場が悪くなった途端、延長したいなら各行に直接折衝しろと態度を豹変《ひょうへん》させる。

そこで自分たちで動くしかないと、問題のローンで一番の貸し手だった英銀行大手、ロイヤルバンク・オブ・スコットランド（ＲＢＳ、現・ナットウエスト・グループ）に掛け合った。ヘッドのモルガン・ラフリン氏に返済期日の延長を申し入れたが、「応じられない。これ以上、貸し倒れを出したくないので」との回答だった。ＲＢＳはケネディクス以外にも三菱東京ＵＦＪ銀行が組成したローンに参加していたが、その貸出先だったクリードが1月に、パシフィックホールディングスが3月に法的整理に追い込まれていた。「5月はケネディクスではないか」と考えたのも無理はなかった。

しかし、このまま引き下がるわけにもいかず、必死の思いでラフリン氏の説得にかかった。

「ケネディクスは絶対に倒産しない。俺を信じてくれ！　400人以上の命を預かっている。倒れるわけにはいかないんだ！」

こう英語でまくしたてた。するとラフリン氏は言った。

「クリードやパシフィックホールディングスとどこが違うんだ？」

「俺は絶対に自分から倒産のボタンを押さない。それが2社との違いだ」

苦し紛れにこう返すしかなかった。その後もケネディクスの役員が入れ代わり立ち代わりラフリン氏のもとを訪れ、説得を続けた。

「8月には増資できます、9月にはKDX豊洲グランスクエアが売れてGCがはずれます」

このローンに全く関わっていないのに、三井住友銀行の担当、岩本淳君が応援に来て口添えをしてくれたのは心強く、涙が出た。こうした努力が実ってか、ラフリン氏はついに折れ、「1回だけ3カ月延長しよう」と言ってくれた。これで風向きが変わり、台湾や韓国、インドの銀行もこれに追随しようという空気になってきた。

こうしてあがき続けながら担保物件を少しずつ売却していき、2010年2月に完済することができた。金利も1円たりとも不足することはなかった。今でもラフリン氏は時々、会いに来て、「あの当時、君は必死だった。そして言葉通り全額返済してくれた」と言いながら握手をしてくれる。

金がない時には知恵がすごい

新生銀行からの借り入れは3月中に返済できたが、キャッシュが底をついてしまった。そこで、神宮前に持っていた土地を使って現金を捻出することにし、東池袋の岩波建設（現・岩波）に赴いた。20年来の付き合いのある古川清社長に土下座して頼み込んだ。

「簿価57億円（坪単価1900万円）の土地があるんですが、これを9億で買ってしばらくの間、保有してもらえませんか」

景気がいい時には簿価57億円でもブランドショップを建てればペイする土地だった。もちろんこの当時は無理だったが、住宅用地としてなら10億円程度で売れるはずだ。古川社長は「わかった」と言ってくれた。

「ただし期間は最長で6カ月だね。そこまでは黙って保有していてあげるから、6カ月後に10億5000万円で買い戻してほしい。それができなければ『質流れ』でいいよね？」

快く応じてくれた古川社長に感謝したが、実はこの時も三井住友銀行の援護射撃があった。もともと岩波建設のメインバンクだったので、この取引でも岩波建設に融資してくれたのだ。これ以外にもいくつかの未上場の保有株式を売却する際にも援護射撃として売却先に融資してくれた。本当にありがたかった。

社員の頑張りで半年後に外資系の金融機関からお金を調達し、なんとか神宮前の土地を買い戻すことができた。現在は立派な商業施設が立っている。


僕はもともとお酒が好きで、とりわけ年4回ある開成中・高時代の友人たちとの飲み会には欠かさず参加していた。会社が潰れそうな時もこの飲み会だけは皆勤賞。「川島、お前大変そうだな」「いやいや、何とかするよ。今までだって人生何とかなってきたしさ」などと、つかの間の息抜きだったが楽しんでいた。

この頃は昼夜、休日を問わず資金繰りの策を練ることも多かった。例えばリンクマックスの小野良明社長たちと夜中に酒を飲みながら「銀座の鶴亀ビルの債権を現金にしたいんだけど。今からみんなで考えようか」などと相談したり、週末は三井住友銀行丸の内法人営業部長の石井仁さんたちと「来週の資金繰りどうしよう」と議論したり。まさに1日単位でお金を回す「日繰り」の日々だった。

「銀行がどうしてそこまで」と思う人もいるかもしれないが、石井さんは「貸した以上、取引先を救うのが銀行の仕事。当たり前のこと」と言ってくれていた。今でも年に2回、このぎりぎりの時のメンバーで酒を飲む。それから15年、２０２４年3月にもこのメンバーで飲んだ。

それにしてもこの頃はケネディクスの財務経理部の面々も必死だった。各種シミュレーションを行い、そのシナリオ別に4種類以上の資金繰り（日繰り表）を作って銀行と交渉をしてくれていたが、「よく間違えないな」と思っていた。そして最後まで間違いを犯すことなく対策を立ててくれた。

これもその頃だったが、三井不動産の役員だった北原義一さんが土日のゴルフの帰りに会社まで応援に来てくれたことがあった。裏の通用口を通って社長室に入って来られ、「川島、お前だけは絶対に会社を潰すなよ。本当に危なくなったら助けてやるから」と言ってくれたのだ。うれしかった。ただ、心の中では「もう相当に追い込まれています。生存確率はわずか数％なんですよ」と叫んでいた。

それでも社員たちがひたすら頑張ってくれていた。

大阪でＳＰＣ（特別目的会社）を使って小林製薬の本社が入居予定のビルを開発し、竹中工務店により完成しつつあったが、残工事代金を払えないという事態が発生していた。そこで、残工事代金相当額を竹中工務店からＳＰＣに出資する形にし、将来売却した時に返済するという技を開発担当の社員が考えてくれた。これはすごいと思った。

具体的には以下の通り。工事代金が30億円、着手金等ですでに支払ったのが20％の6億円、残工事代金の24億円は竣工時に払わないと建物を引き渡してもらえない。引き渡してもらえないと入居予定のテナントを入れることができず、賃料をもらえない。しかし24億円がないので支払えない。竹中工務店に24億円借りて、そっくりそのまま支払うしかないが、24億円も貸してくれるわけがない。

ＳＰＣのバランスシートの左側の資産サイドは建物30億円、右側の調達サイドは着手金6億円の匿名組合出資。あと24億円の匿名組合出資をしてくれる投資家がいれば建物の引き渡しを受けることができる。そこで社員は考えた。竹中工務店に投資家として24億円の匿名組合出資を頼んでみようと。投資であれば、いつか不動産市場が好転した時に売却すれば全額回収どころか利益も出るかもしれないと説得したのだ。

結局、最後は別のやり方でしのぐ形となったが、それは竹中統一社長（現・名誉会長）の次のひとことが効いたからだった。

「ケネディクスは絶対に裏切らない。うちは信用して付き合う」

とにかく諸先輩にお世話になる

清水建設にも助けてもらった。２００９年4月末、長野県松本市に建設していたショッピングセンターが竣工し、残工事代金を支払わなければならないが、またしてもキャッシュがなかった。翌5月にある保有物件が売れる予定になっており、7月なら支払いも可能だったのだが……。悩んでいたところ、部下がこんな案をひねり出してくれた。

「工事が3カ月、遅れたことにしてもらいましょうよ」

これもすごい発想だった。幸い清水建設の担当常務が開成高校の9年先輩だったので、相談したところ了承してくれたのだ。おかげで何とか乗り切ることができた。

２００９年３月に完成した池袋２６１ビル（現・ＫＤＸ池袋ビル）は50億円の物件だったが、これも支払うことができなかった。

「違約金10億円支払うので、引き取りは勘弁してもらえますか」

こう懇願したのだが、売主の総合商社からは「クリードやパシフィックホールディングスから引き取りをキャンセルされ、１０００億円以上取りはぐれた。これ以上は無理だ」と押し返された。そして次にこんな案を出してきた。

「違約金として10億円払えるのなら、引き渡しを1年延長しよう。まずこの3月末に手付金として5億円、9月末に5億円、1年後の２０１０年3月末に残金40億円払うというのは？」

当初の約束通り50億円支払えということだった。発注時より不動産市況が悪化しており、このビルの評価額は8掛けの40億円に下がっていた。引き取った時点で、含み損が10億円以上となってしまうが、期限の利益を1年分もらえるということで感謝すべき提案だった。このビルは今でもケネディクスのリートで保有し、運営している。

ただ、倒産寸前という状況だった当時のケネディクスがアセットマネジメント業務を新規で受注しようとしても、委託してくれるところはなかった。ＧＣが付いたことで何もで

小野社長とウインドサーフィンに興じる（手前が著者）

きなくなっていたのだ。やむを得ずケネディクスが持っていた債権回収会社「パシフィック債権回収」の株式を半分売却したり、三井住友銀行に2億円分のザイマックス株を買ってもらったり、役員賠償保険を解約して解約返戻金8000万円を得たりと、細かく細かく真水（キャッシュ）創出プロジェクトを続けていた。

そんな時、リンクマックスの小野良明社長がウインドサーフィンに誘ってくれた。こんな状態が続くと僕の頭がおかしくなると心配してくれたのだ。

小野社長はプロ並みの腕前だったが、僕は若い頃経験はあったとはいえまだまだ下手で、すぐに風に流されてしまう。そのため岸に戻ろうと必死になる。その間は会社のことも仕事のことも全く考えられないので、心底リフレッシュできた。小野社長に感謝した。辛い時の優しい心遣いは本当に身に染みる。

ついにＧＣ注記はずれる

２００９年6月、自社物件のＫＤＸ豊洲グランスクエアを米カーライル・グループに３４０億円で売却した。韓国国民年金公団（ＮＰＳ）の資金をカーライルが調達してくれたのだ。約80億円ものまとまった真水が入ってきたのは久しぶりだった。必死の思いで努力を続けた結果で、この取引により2カ月後の中間決算時にＧＣをはずしてもらうことができた。

やっと一息つけると思ったが、このうちの50億円は年初に猶予してもらった野村キャピタル・インベストメント（ＮＣＩ）のメザニン・ローンに対する保証業務に充てざるを得なかった。なのでメザニン・ローンを50億で肩代わりした（１９５ページ参照）。メザニンは返済順位が低いローンだ。ケネディクスが肩代わりしたメザニン・ローンよりも返済順位が

図5-2　メザニンの債務保証

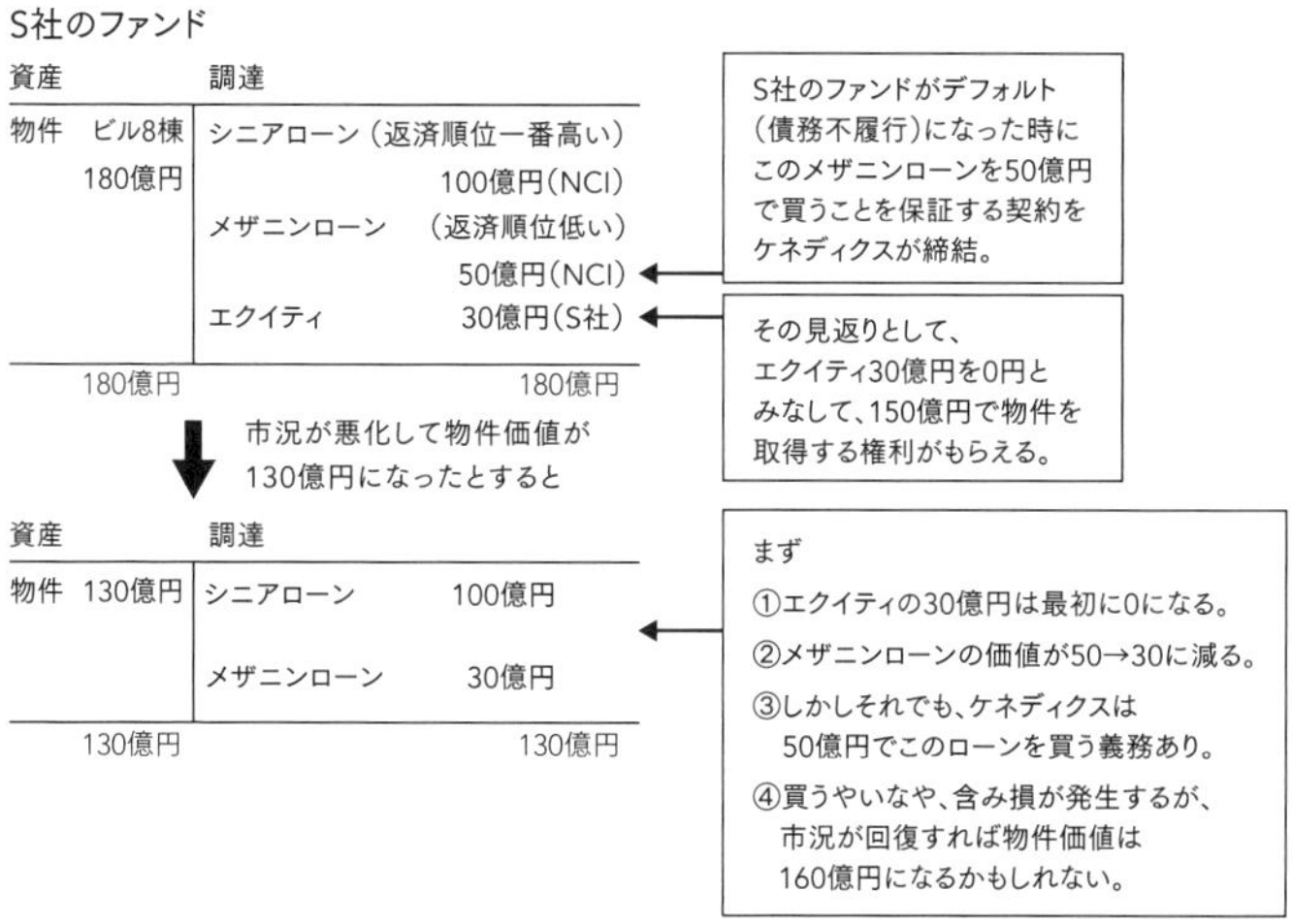
S社のファンド
資産
調達
物件　ビル8棟
180億円
シニアローン（返済順位一番高い）
100億円(NCI)
メザニンローン　（返済順位低い）
50億円(NCI)
エクイティ　30億円(S社)
180億円
180億円
S社のファンドがデフォルト(債務不履行)になった時にこのメザニンローンを50億円で買うことを保証する契約をケネディクスが締結。
その見返りとして、エクイティ30億円を0円とみなして、150億円で物件を取得する権利がもらえる。
市況が悪化して物件価値が130億円になったとすると
資産
調達
物件　130億円
シニアローン　100億円
メザニンローン　30億円
130億円
130億円
まず
①エクイティの30億円は最初に0になる。
②メザニンローンの価値が50→30に減る。
③しかしそれでも、ケネディクスは50億円でこのローンを買う義務あり。
④買うやいなや、含み損が発生するが、市況が回復すれば物件価値は160億円になるかもしれない。

高いシニア・ローン（100億円）を持っていたのも実はNCIだった。NCIは次のように言ってきた。

「物件を損切りすれば100億円のシニア・ローンは回収できるので、メザニンの質権を解除してもらえませんか？」

NCIはこのSPCにシニア・ローン100億円とメザニン・ローン50億を貸し付けていた。幸か不幸かメザニン・ローンはケネディクスが保証していたおかげでケネディクスに肩代わりさせることができた。しかし、一刻も早くシニア・ローン100億も回収したい。そのためには物件の価値がまだ130億あったとしても、100億で叩き売ってケネディクスのメザニン・ローン50億を吹き飛ばしたほうが得策と判断したのだ。しかし、それをしたくてもメザニン・ローン権者は物件に対して質権を設定しているので質権を解除してもらわないと売買が成立できず、シニア・ローン１００億を回収できない。この質権がケネディクスにとって〝最後の砦〟だった。

ＮＣＩの申し出に怒りが爆発した。部下とともにＮＣＩを訪問し、役員に詰め寄った。

「質権解除とはどういうことですか。50億円もの資金を調達するために、俺たちがどれだけ苦労して豊洲のビルを売ったかわかりますか？　保証履行したメザニンの価値をいきなりゼロにしろなど、絶対に承服できません！」

話しているうちに感情が高ぶり、最後には机を蹴ってしまった。これでＮＣＩもいったんは引き下がったが、契約があるので如何ともしがたい。

「シニア・ローンを回収したいので年末までに物件を損切り売却するか、シニア・ローン１００億円の肩代わり先を見つけるか、どちらかの対応をお願いします」

結局、ＮＣＩからこう押し込まれ、早期に１００億円の借り換え先を見つけなくてはならなくなった。４カ月で１００億円分を誰かから調達しないと、ケネディクスの50億円分もゼロになってしまう。ところが資金調達のめどが立たない。かつては１００億円であっても銀行が速攻で貸してくれたが、世界中が金融パニックに陥り、不動産価格も大幅下落、どこの銀行も簡単には貸してくれなくなっていた。

部下たちが必死に走り回り、ようやくオリックス信託銀行から60億円出してもらえることになった。それでもあと40億円足りない。必死で貸し手を探し回った結果、米カーギル（第3章後半に登場するカーギル）が応じてくれることになり、茂木葉子さんという優秀な女性がこう申し出てくれた。

「40億円を社債の形で用意しましょう。ただし利率は22％です」

超高金利に絶句したが、お願いするしかなかった。それでも本当に助かった。茂木さんがいなかったらケネディクスは倒産していたかもしれない。この2年後に茂木さんはキューバ旅行中、飛行機事故で亡くなった。それを聞いた日の夜は、僕は社長室で一人泣いた。

２００９年9月、ケネディクスの執行役員が3月に法的整理したパシフィックホールディングスのスポンサー交渉で優先交渉権を獲得してきた。資金は米エリオット・マネジメントが出してくれた。ＧＣ注記がはずれて間もない時でケネディクスには何の信用力もなかったが、管財人弁護士が「川島さんに懸けてみます。川島さんが代表の会社ならスポンサー企業として大丈夫だと思ったので」と頑張ってくれたのだ。前向き案件に取り組むのは久しぶりだった。

返済のめどが立たない転換社債200億円をどうする?

ケネディクスが保有するキャッシュは8月末時点で20億円と絶望的な状況だった。ゴールドマン・サックスやドイツ証券など投資銀行の担当者は、それを見かねてさまざまな資金調達案を提案してくれた。どれも良い案なので「それでいきましょう」と返答するのだが、実施に移そうとするとニューヨークの本社審査部門からゴーサインが出ない。その理由は次の通りだった。

「2009年12月の転換社債200億円はそれで問題ない。しかし、翌年に控えている普通社債150億の償還はどうするつもりなのか。そこまでは面倒を見ることはできない」

万策尽きた。もはやXデーを待つしかないのか——そう覚悟したところで、UBS証券のケネディクス担当者、戸田淳氏(現・プロロジス・リート・マネジメント取締役副社長)と坪山昌司氏(現・キャピタリンク・パートナーズ代表取締役)が奥の手を繰り出してくれた。「プロジェクト・リンドバーグ」と名づけられたウルトラCだった。

戸田氏は開成高校の6年後輩で、坪山氏も東大の都市工学科の6年後輩。彼らはこう言ってくれた。

「前例のない思い切ったやり方があるんです。それでやってみましょう」

「ありがとう。でも今までの案は全部、本国で却下されちゃったんだけど。大丈夫なの？」

「問題ありません。200億円以下の資金調達であれば、日本の引受審査部の権限内です。任せてください」

戸田氏はこう請け合ってくれた。その方法だが、まずケネディクスが新株を発行し、これで現金を調達する。もちろん危ない会社の株の引受先は少ないので、200億円の償還資金すべてを調達するのは無理。しかし、それを承知で買ってもらえる最大限の株式をあえて発行し、調達できた資金を全額社債の償還に充てる。それでも足りない分は、期間3年の新社債を発行してステークホルダーたちが持っている古い社債と差し替える。新しい社債と古い社債を交換するのだ。それで承諾してくれたステークホルダーにはお金を支払う必要はないので、キャッシュは用意しなくてもいい。「エクスチェンジ・オファー」と呼ばれる手法で日本ではもちろん初めて、海外でも事例は少ない。

「このやり方で年末の200億円の社債償還はクリアできます。そして翌年の150億円の社債の償還ですが、この物件とあの物件が売れるので、十分に資金繰りがつくはずです」という見事な絵を戸田氏は描いてくれたのだ。彼がケネディクスのバランスシートを徹底的に研究した成果だった。UBS証券の引受審査部門を突破することができた。

また、坪山氏はこの複雑な償還スキームの細部まで実に緻密に設計してくれた。企業の資本政策の立案や設計に関しては、彼は僕の知っている限り日本一の能力者だと思っている。ケネディクスは本当に強運な会社だ。

"リンドバーグ"離陸

問題は、この見事に描かれた絵が本当に現実のものとなるのかということだった。ケネディクスでは3つのチームを立ち上げ、世界中を飛び回って必死に取り組んだ。1番目と2番目のチームは資金に余裕のある投資家を相手に「日本の不動産ファンドの運用会社はほぼ潰れて、ケネディクスだけが残っています。新株を引き受けてくれれば生存者利得を得られますよ」と説得した。

3番目のチームはすでに社債を持っている投資家にこう揺さぶりをかけた。「新株を売って金をつくり、社債を償還します。足りない分は新しい社債と交換してください。もし了承いただけないと会社が潰れて、今お持ちの社債はゼロ円になってしまいます」。

転換社債というのはある意味では怖い商品だ。保有したプロの投資家たちの中にはこれを普通社債部分とオプショナリティ部分（株式に転換できるかもしれない権利）に分離して、それぞれを転売して商売をする人もたくさんいる。持ち主が次々と変わり、世界で誰が保有しているのかわからなくなる。ＵＢＳ証券はこれを丹念に調べ上げた。

ある時、「四国の地銀が社債部分だけを保有しているが、どうすればいいかと思案している」という情報を入手したため、その日の予定を全部キャンセルして坪山氏と二人で高知に飛んだこともある。その地銀の担当者にはこう申し入れた。

「あなたが保有する社債ですが、今回のエクスチェンジ・オファーに応じてほしいのです。その社債をアレンジした証券会社に頼んで日本国債と交換してもらうことにするので、いったん応じてください。そうすればあなたの元本は確保できます」

また、中堅証券会社が転換社債を額面の半額で取得し、20％の利益を載せて顧客の個人投資家に転売したとの情報を入手。同社の支店長会議に急遽出席させてもらい、状況を詳細に説明して自分たちが売った顧客に今回のエクスチェンジ・オファー・スキームに同意するよう説得してくれと懇願した。

こんなことを何週間も続けた。そして、いよいよ新株の募集開始の日が来た。果たして潰れそうな会社の新株発行に予約は入るのか？

実は本プロジェクトを開始した頃、ケネディクスの生存者利益に懸けてみようかという投資家が2社現れた。ボストンの巨大ファンド、フィデリティとニューヨークの名門ファンドのオッペンハイマーだった。この2社で新規発行予定株式数の40％近くを引き受ける用意があるという。米国には懐が深い投資家がいるのだなと驚いた。この有名な2社が意向を表明してくれれば、他の世界の投資家もついてきてくれる可能性が高まる。平常時からまめにＩＲ（投資家説明）をやっておけば、非常時に役に立つこともあるのだなと今にして思う。

もう二人ほど忘れられない投資家がいる。一人はジュネーブのフィリップ・ジャブレというヘッジファンド。ジャブレ氏は額面で40億円分の転換社債を持っていた。もちろん潰れそうな会社の社債を額面の5分の1くらいの安値で取得しているはず。ジャブレ氏は電話の向こうで「もし額面通りに償還されるのであれば、償還された資金の半分を新株の購入資金に回してもいいよ」と言った。これはとてもラッキーだった。

もう一人はその昔、大阪ナスダック・ジャパン上場の頃に60％の株式を取得していたタワー投資顧問の清原氏だ（第3章後半参照）。彼は株式投資家なので社債は保有していなかったが、「ケネディクスが新株を発行して、生存者利益を貪るのなら大口で買ってもいいよ」と大量発注してくれた。欧米だけでなく、日本にもこういう投資家がいるのだ。

かくして「プロジェクト・リンドバーグ」は奇跡ともいえる成功を収めた。調達したお金は何と１８０億円に達していた。もちろん全額社債償還のために使ったので、ケネディクスにとっての真水とはならなかったが。

続いてSMBCが１４０億円の巨額融資

「プロジェクト・リンドバーグ」が見事に成功し、２００９年12月の社債の償還を奇跡的に乗り越えられたことで、銀行が動き出した。三井住友銀行が貸し出しを増やしてくれたのだ。１４０億円とケネディクスにとって驚くべき巨額の融資だった。

これは「資本増強なきところに金融支援はあり得ない」ということに尽きる。毎月のようにキャッシュが流出していき、三井住友銀行の担当者とも土日も出勤して資金繰りや貸し増しの相談を重ねたが、新株を発行できて資本増強を成し遂げたのを見届けた上で支援を決めてくれたのだ。結局はそういうことだったのだ。銀行のロジックがようやくわかった。

しかし、だからといって銀行はただでお金を貸してくれるわけではない。当然、担保は必要となるし、翌年にはまた次の社債の償還期限が来て資金不足になるのは目に見えていた。三井住友銀行は、ケネディクスのクラウンジュエリーといえるリートの運用子会社ＫＤＲＭと私募ファンドの運用子会社のＫＤＡの株を保有する持ち株会社ＫＤＡＭを新規につくり、その株式の15％をＳＭＢＣ系の会社に保有させることなどを融資の条件として提示してきた。もちろん受諾せざるを得なかった。ケネディクスという会社を三井住友銀行に搦《から》め取られたような気がしないでもなかったが、これでいいのだと思った。なぜなら、これほどまで銀行が関与してくるというのは、ケネディクスを生かすことを決めたということにほかならないからだった。

しかし、こんな難しい巨額の融資を銀行がおいそれと通してくれるものではない。実はこれには裏話がある。「誠実でウソだけはつかない」とケネディクスを評価してくれ、応援団になってくれていた同行の清水喜彦常務執行役員が動いてくれていたのだ。

清水常務執行役員は当時、監査部担当役員であり融資の可否を判断する営業案件には本来、口を出せる立場ではなかった。それでも清水さんはやってくれたのだ。

どのようにしたかというと、それは〝連れション〟だったそうだ。三井住友銀行では旧住友銀行の慣習にあわせ役員室の扉を閉めない決まりになっていたので、部屋の中から外の廊下を誰が歩いているかが一目でわかるのだ。経営会議の数日前、廊下に奥正之頭取の姿が見えた。奥頭取がトイレに行くのだと思った清水さんは後を追い、自分もトイレに入った。そして並んで用を足しながら奥頭取に「ケネディクスへの140億円の融資、あれ絶対にヤリでっせ。攻めの案件です」と言ってくれたのだった。

こうしてケネディクスへの融資案件は無事、三井住友銀行の経営会議を通過した。つくづくケネディクスは強運な会社だと思った。

2010年、戦いは続く

200億円の転換社債を償還、三井住友銀行からの140億円融資も実現したが、2010年10月には150億円もの普通社債償還が残っていた。

以下は、2010年正月明けの社員へのメッセージ。

社員向けレター　その⑥

「2010年1月4日
社員の皆さん。

あけましておめでとうございます。2010年は皆さんにとって、どんなお正月でしたか？

昨年はケネディクスにとって大変な1年でした。何度も『もうダメか！』と思いましたが、最後は社員の皆さんをはじめ、社外の多くの応援団のおかげで生き残ることができました。たくさんの同業他社が消えていく中、『ケネディクスだけは何としても生き残ってほしい』という、SMBCをはじめとする数多くの声援に背中を押され、気がついたら自分自身が『今は亡き同業のためにも絶対に生き残るのだ！』という強い信念の塊になっていました。

しかしながら、油断はできません。まったくできません。2009年はバランスシートのリストラの第1弾が終わったにすぎません。2010年はまだまだ難問山積です。

1. 新設会社のケネディクス・アセット・マネジメントの立ち上げ↓SMBCへの確実な返済
2. 韓国ファンド組成等による、BTMU旧シンジケートローンの完済
3. 池袋の新築ビルの双日からの引き取り
4. メザニン保証の履行必要債務の極小化
5. SMBC・BTMUシンジケートローンのリファイ（リファイナンス）、長転
6. 社債150億円の返済
7. 新商業ファンドの組成
8. ケネディクス・アドバイザーズの強化（提案力、リファイ力、売却力等の養成）

などなど……

これらを一つ一つ着実に仕上げなくてはなりません。かなりしんどいですが、何としてもやるしかないです。これらをやり遂げることができたら、ようやく2011年から一安心できる会社になれるはずです。

また、オフサイト・ミーティングの時にも説明したように、2008年、2009年と連続赤字となってしまったので、2010年は何とか連結最終黒字にしたいです。どんなフィ

ービジネスでもいいので、みんなで貪欲に収益機会をものにしましょう。そして、早ければ２０１０年、遅くとも２０１１年には復配したいものです。

それでは、ケネディクス、ケネディクス・アドバイザーズ、ケネディクス・リート・マネジメント、ケネディクス・アセット・マネジメントの４社でケネディクス・グループにとって最高のパフォーマンスが上がるよう、一丸となって頑張りましょう！　世界中のケネディクス・ファンのためにも!!」

２００９年12月期は80億円の予想を下方修正し、１８４億円の最終赤字となった。出血は止まっていなかった。株式発行授権枠（企業が発行可能な株式数の上限）はプロジェクト・リンドバーグでほぼ使い切っていたので、新株は発行できずなす術がなかった。もともと定款上発行できる株式数は１４０万株。プロジェクト・リンドバーグ前までは発行済株式数が63万７０００株。プロジェクト・リンドバーグで新たに発行した株式数が57万５０００株。つまり発行済株式数は１２１万株。あと19万株弱しか発行枠がなかった。

この上は、再び授権枠を広げる特別決議を２０１０年の株主総会で取り、さらなる増資を行って償還資金を捻出するしかないと考え、発行可能株式数を１００万株広げて

240万株にしたいと提案した。

「これは怪しい。昨年末に180億円集めたばかりなのにまた増資するのか。その180億円も赤字決算で一挙に吹き飛ばしたというのに」

株主からの非難にこう応じた。

「あくまでも万が一のための準備です。仮に増資するにしても、既存株主の保有割合に応じて新株を割り当てる『ライツオファリング』方式でやるとか、日本を代表するような大企業がケネディクスと資本提携をするなどの、特別の場合だけです」

何とか株主を説得し、3月の株主総会で特別決議を取った。そして時を移さず5月に増資を発表した。これを「プロジェクト・ノルマンディー」を名づけたが、発表するや世界中の投資家から「裏切り者!」と罵声を浴びせられた。毎晩のように欧米の機関投資家から電話があり、「どういうことなんだ!」と詰め寄られた。

しかも2010年はギリシャ・ショックが発生し、世界中の株価が暴落していた。ケネディクスの株価もプロジェクト・リンドバーグの時の3万3000円から1万5000円まで下がっており、前年に180億円もの新株を買ってくれた投資家たちは膨大な含み損を抱えていた。「なんでこんな大切なタイミングでギリシャがおかしくなるんだよ! クソ！」と思わず口走った。でも強行するしかない。150億円の社債を無事に償還しなくてはならないのだから。

一方では、ありがたいことに2008年にケネディクスのリートが暴落した時に運用会社の株式の10%を買ってくれた伊藤忠商事の岡田賢二さんが再び動いてくれて、今度はケネディクスの本体の株式の5%を第三者割当増資で引き受ける決断をしてくれた。これを武器に投資家を説得するしかない。

"ノルマンディー上陸作戦"

投資家向けロードショー（説明会）を再び行うため世界を飛び回った。みんなカンカンに怒っていたが、「よく聞いてくれ」と粘り強く諭した。

「3月の株主総会で特別決議を取る時に言ったように、今回の増資はちゃんと日本を代表する伊藤忠商事にも5%出資してもらう。それと、ライツオファリングと同じように、既存株主が好きなだけの株式を買えるように最大限の努力をする。発言した通りで何の問題もない」と言い続け、最後は皆、納得してくれた。

日曜日にスイスに飛び、月曜日にジュネーブとチューリッヒの投資家を回り、火曜日は一日中ロンドンの投資家に説明、夜行便でボストンに飛び、水曜日はボストン、木曜と金曜はニューヨークの投資家を回り土曜日の直行便で東京に戻る。「もうこうなったら地球を何周してでも世界中の投資家を納得させてみせる！」。そんな思いだった。

でも、２００９年のプロジェクト・リンドバーグの際に何十億円もの新株を買って、救世主となってくれたボストンのフィデリティ訪問だけはものすごく気が重かった。ギリシャ・ショックがあったとはいえ、わずか半年で何十億もの含み損を抱えさせてしまったので……。会議室に入るなり、日本風に土下座をして説明すべきかどうか、前の晩ホテルで真剣に悩んだ。

ところが当日、ものすごく緊張しながら会議室に入ると5人のファンドマネジャーがいきなりこちらを向いて握手を求めてくるではないか！　いったいどういうことなのか理解できないでいると、「お前は約束を守った。日本初のライツオファリングやってくれるらしいね。だったら好きなだけ買うよ。その代わりもっともっと大きくなれよ！」。

これはうれしかった。もちろん向こうはプロの投資家だからたくさん儲けたいのはわかっていたが、それにしても彼らの懐の深さには感動した。涙が出た。

図5-3　独立系上場不動産アセットマネジャーの変遷

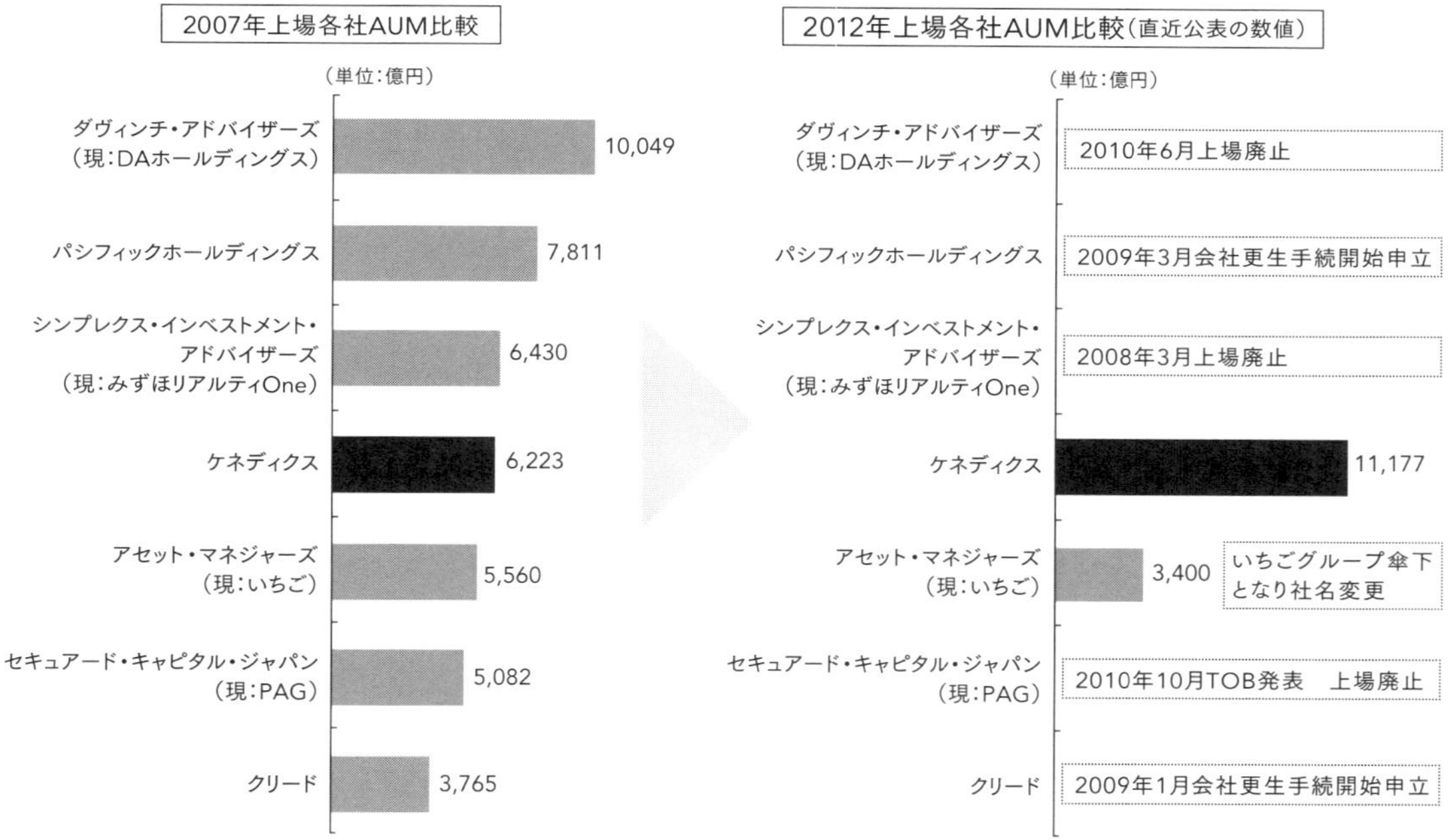

出典：各社の公表数値に基づきケネディクスが作成

こうして何とか無事に150億円の償還資金を捻出することができた。

その同じ頃に、横浜市の新横浜たあぶる館（現・タノシオシンヨコハマ）などを韓国の投資家に約100億円で買ってもらった。さらにシンガポールの投資家に老人ホームをいくつか売却して真水をつくった。その結果、2010年6月の運用資産残高を示すAUM（アセットアンダーマネジメント）が初めて1兆円を超えた。

業績のほうは2007年の社長就任時は146億円の史上最高益、2008年は108億円の赤字、2009年は184億円の赤字。何としても2010年は黒字にしたかったが、リーマン・ショックの爪痕は深く、残念ながら25億円の赤字に終わった。しかしこれ以上は大きな返済の山もない。やっと生還できた！　死闘の25カ月の末、ようやく生存確率が100％になったのだ。

そして2011年、正月明けの社員向けのメッセージ。

社員向けレター　その⑦

「2011年1月4日

社員のみなさん。

あけましておめでとうございます。２００８年以降の新年メッセージを改めて読み返してみました。

２００８年1月4日のメッセージ――『不動産アセットマネジメント業界は新しいパラダイムに向かう』と締めくくっている。これは業界再編を予想したメッセージのつもりだったが、２００８年3月から同業の倒産が続々と始まったので、急遽8月18日付で過度に動揺しないような意味を込めて、長いメッセージを送りました。しかし、9月にリーマンが潰れて、一挙に濁流に飲み込まれそうになり、12月18日に異例にもこの年3度目の長めのメッセージを送りました。このメッセージには、多くの社員の皆さんから貴重な意見メールや心温まるメールをもらって、とても嬉しかったのを覚えています。

２００９年1月5日のメッセージ――２００８年は何とか乗り切ったものの、２００９年も課題山積、でも、前年に策定したコーポレート・ミッションを大切にしよう、基本に返りましょう、とのメッセージ。しかし、2月13日、いきなり先制パンチ『継続企業の前提に関する注記』（いわゆるＧＣ注記）を食らって、その日にこの注記の解説メッセージを送って以来、２００９年はメッセージを送っていない。さすがに1年中、銀行、株主、利害関係者間を走り回り続け、その余裕もなかったものと思われる。

2010年1月4日のメッセージ――奇跡的に2009年を生き残ることができたが、まだまだ課題もたくさんあり、世界中のケネディクス・ファンのためにもすべて乗り切ろう、とのメッセージ。それにしても一番重かったのは、2009年のプロジェクト・リンドバーグの際に180億円分ものケネディクス株を買ってくれた世界中の投資家たちに、2010年7月にも『おかわりちょうだい』と言って、150億円分もの株を買ってもらったこと。それがプロジェクト・ノルマンディー。何せ3万3000円（リンドバーグ）から1万5000円（ノルマンディー）に株価下落しているわけだし……。でも、世界のケネディクス・ファンは『いいかケネディクス、これで〝おかわり〟は最後だぞ！　その代わり日本一の不動産アセットマネジメント会社になるんだぞ。俺たちはそれに懸けているのだから！』と言ってくれました。

2011年、世界中の投資家からのお金、銀行からのお金、社員みんなで稼いだお金、不動産投資家からのアセットマネジメントフィー、どれも大切な、大切なものです。1円たりともムダにはできないです。このことを一人ひとりの社員が心に刻み込んで生きていきましょう。

収入を増やすことはもちろん生命線ですが、コストを減らすことも重要です。今年は、いろいろな案件の金利を見直したり、フルスイープ（配当金の支払いに充てられる余剰キャッシュを借入金の返済に優先充当させられること）状態の案件を工夫しながら解消したり、一つ一つのファンドのアセットマネジメントフィーを少しでもいかに増やすことができるか考えて実行したり、あるいは、いつもは当然のように払っている諸経費を徹底的に見直したり……。とにかくさまざまな工夫をしましょう！　何事にも問題意識を持ち、常に考えましょう！

２０１１年の不動産マーケットは昨年よりも良くなります。従来からの米国の資金に加え、アジアからの資金は一層増えるでしょう。国内機関投資家も年金基金も復活の兆し。リートも増資ラッシュになるかも。ケネディクスもマーケットで、誰にも負けない最高のプレーをしましょう！　今年1年もよろしく!!　with Smile!!」

不動産マーケットは久々にテイクオフしようとしたが……

不動産マーケットは２０１１年1月、2月と順調な回復を見せ始めていた。その矢先の3月11日、東日本大震災が起きた。

このあまりにも悲惨な災害に直面し、不動産マーケットは当然のように止まった。世界中がこの悲しい災害と原発の事故を報道した。CNNなどは現地の悲惨な状況のみならず、東京や大阪の街をマスクをした人々が歩いている動画も報道した。世界でこれを見た人の中には「東京も放射能にやられている」と勘違いした人も少なからずいた。もちろんそれは違う。東京はまだまだスギ花粉が飛んでいただけの話。

こんな状態だとまずいと思った。いつまでたっても世界の投資資金は日本に戻ってこない。この大きな誤解を解くために、また、世界中の投資家を安心させて少しでも早く日本への投資を再開してもらうために僕にできることは何かと考えた。

そこで、4月上旬に得意の世界一周IRツアーをやって、日本の現状を正確に理解してもらおうと思った。鎌倉で花見をしている人々の写真や動画、あるいは新橋界隈で飲んだくれているサラリーマンの動画、そんな誤解を払拭するための材料を部下にたくさん作ってもらい、それをもって説明することにした。

震災後、海外にIRに来る日本の上場企業は初めてだったらしく、やたらとたくさんのアポが入った。日曜日に羽田をたち、オランダのロッテルダムに到着。月曜日、ロッテルダム〜デン・ハーグ〜アムステルダムと3つの都市の投資家を回り、夜にロンドン入り。火曜日は朝7時からロンドンの投資家7社を回り、夜行便でボストンへ。水曜はボストンの投資家に説明し、夜ニューヨーク入り。木曜日の早朝からニューヨークの投資家10社に説明した。とにかく「大丈夫だから安心して日本に投資してくれ」と言い続けた。

その成果かどうかはわからないが、少しずつ投資家は戻り始めた。よかった。やってみるものだ。

震災があったにもかかわらず、社員一同黒字化に向けて必死の努力の結果、この年は久々の黒字決算、13億円の黒字達成！　これはうれしかった。

戦友を失う

この時僕は「もう自分の役目は終わった。生存確率１００％にしたので、あと1年で社長を禅譲しよう」と考えた。一方で、この年最大の衝撃的な辛い事件があった。上場前からケネディクスの財務の要として長い年月共に戦ってくれた山崎健一君が病気で亡くなったのだ。

イケイケの時はミラクルな資金調達をいくつもやってのけ、潰れそうな時は非の打ち所のない精緻な資金繰り表を作り、決死の覚悟で銀行団と対峙してくれた。２０１０年から体調が悪くなり、１００万人に一人といわれる奇病を患った。ＧＣ注記が付いた時に行ったあの秩父の三峯神社に再び妻と行く。山崎君の回復を祈祷してもらい、帰りに病院にお札を届ける。しかし、無念にも２０１１年９月、幼い息子さん３人を残し46歳の若さで他界した。

社員はもちろん、サポートしてくれた銀行団も大ショック。なぜこんな不条理が起きなくてはならないの？　僕らにできることは限られていた。専業主婦だった山崎夫人を速攻でケネディクスの総務部に正社員として迎え入れた。残された家族のことを少しでも山崎君が心配しなくていいようにと思ったからだ。山崎夫人はまるで山崎君のように、あれから10年以上ケネディクスで元気に働いている。今も。

「山ちゃん。必死に戦った君はまさに戦友だった。あのあと奥さんに入社してもらい、今では総務部の母のような存在だよ！　安心してね」

２０１２年は大掃除

以下は、２０１２年正月明けの社員向けレター。

社員向けレター　その⑧

「2012年1月4日

社員の皆さん。

あけましておめでとうございます。お正月はいかがでしたか？

ケネディクスは2008年、2009年、2010年と3年連続の大幅赤字でした。バランスシートのリキャップ（総資産や資本と負債のバランスを本来あるべき姿に再構成すること）をPL（損益計算書）よりも優先してきたからです。で、2011年は何事もPL優先、なんとしても黒字にしよう、と言い続けました。皆さんが一つ一つの案件でPLプラスを確保できるよう必死に頑張ってくれたおかげで、4年ぶりの黒字を確保できそうです。昨年末に出した業績予想の修正リリースの通り、なんとか黒字確保見込みです。あまりに長い間、赤字だったので、いま、黒字の気持ち良さを改めてかみしめています。2012年は黒字を確保するつもりではあるものの、一方で、残っているバランスシートの膿をいかに出し切り、かつ、それを市場にうまくアピールするか、精緻な知恵と、大胆な工夫と実行が必要な年になります。

昨年は2月までとてもいい調子で市場回復感が感じられたものの、3・11でそれが大きく後退、また、9月には10年間一緒に戦ってきた戦友、山崎君を亡くし、非常に辛いものがありました。改めて山崎君のご冥福を祈りたいと思います。

さて、今年のケネディクスの課題ですが、いろいろあります。

1．ＡＵＭ――２００４年以降２０１０年までの7年間、ＡＵＭは毎年１４００億円くらい純増してきましたが、２０１１年はほとんど増えませんでした。２０１１年は売却等が史上最大で、受託が史上最低のような感じでした。最後の最後にリートが２８５億円で日興ポートフォリオを取得してくれたおかげで、純減は防止できました。２０１２年は、中経（中期経営計画）の通り、いろいろと工夫しながら、大幅な純増を実現させなくてはなりません。国内投資家のみならず、さまざまな国のさまざまなニーズを持った投資家といくつかの新ファンドを組成しなくてはなりません。

2．アセットマネジメントフィー――私募ファンドにおけるアセットマネジメントフィーが増えません。増えているのは未収金だけ。２０１１年の年頭所感にも書きましたが、残念ながらあまり改善されなかったので、引き続き、あらゆる工夫をしながら、アセットマネジメントフィーをＰＬ上のみならずキャッシュ上も増やすことを実現しましょう。

3. 金利――ケネディクスの連結ベースの有利子負債は第3四半期末で1150億円、平均金利は3・3%なので、これを3%以下にしたい。0・1%下げれば1億円以上PLに貢献、つまり、3%以下にするだけで、3億円以上PLに貢献します。過去のレスキュー・ファイナンスとか、フルスイープ案件のために高止まりしているものを昨年に引き続き、一つ一つ解消していきたい。と同時に、キャッシュ・ポジションがよくなるようにしたい。金利が下がってもアモチ（約定元本返済部分）がきつくてキャッシュが残らないようでは、これまた意味がないのです。

4. 住宅リート――市場環境次第ではあるが、なんとしても住宅リートを上場させたい。担当子会社の面々には、ぜひとも頑張ってほしい。必ず上場できると信じてモチベーションを高く維持しながら頑張ってほしいです。

5. アセットマネジメント力――昨年はいくつかの私募ファンドの投資家から、ケネディクスのアセットマネジメント力が衰えたとのきわめて厳しい指摘を受けました。上がしっかりしなくては、下は育たない。下は貪欲でなければ、また、向上心がなければ、上がしっかりしていても育たない。下を育てられないような上は、下になってもらうか退場してもらいたいし、上に甘えているような下には退場してもらうしかない、くらいの覚悟でいきます。そして、一日も早く、投資家から、『ケネディクス、最近すごいね。よくなったね！』と言われるようにしましょう。

6. コスト――昨年夏は節電チームを中心にみんなの努力と我慢で、見事に節電を達成できました。それにとどまらず、昨年、横断的なタスクフォースとして発足したコストの削減チームには引き続き頑張ってもらい、ムダを徹底的に排除してもらいたいと思います。

7. 株価――昨年末にぎりぎり1万円台を回復したものの、世界中の株主にとっては、まだまだ不満。マーケットのせいにするのは簡単だが、なんとかして、企業価値を顕在化させなくてはならない。利益が12億円なら、PER20倍として、240億円。今の株価が適正じゃないの？なんて見方もできるし、純資産600億円、含み損を仮に最大150億円としても450億円。だから、最低でも今の倍の2万円はいくんじゃない？という見方もある。いやいや、それだけじゃなくて、450億円に加えて、サステイナブルなアセットマネジメント事業の価値がAUMの3%、つまり、300億円はあるはずだから、合計750億円、つまり、3万4000円くらいの価値じゃない？など、いろんな見方ができますが、いずれにしても、着実に利益を上げ、企業構造がわかりやすいようにしていく必要があります。また、今まで以上に熱心にIRをして、企業価値の理解に努める必要があります。

8．企業構造――銀行をはじめ、利害関係人の理解と協力が必要ですが、なるべく早い時期に中間持ち株会社を解消して、ケネディクス本体の直接下に各アセットマネジメント会社および資産保有会社が子会社としてきれいに並列にならぶように構造を変えて、株主から見ても企業価値を判断しやすい構造にしたいし、連結納税もできるようにしたい。これは結構大仕事ですが、なんとか実現させたい。

9．アジア――米国の成長が不透明、欧州は5年くらい健全な成長が望めないなか、アジアの成長を不動産アセットマネジメントビジネスに取り込めないか？　中国に強いアセットマネジメント会社や、ＡＳＥＡＮに強いアセットマネジメント会社を探してきて、彼らと連合体を組成して、アジアＮＯ．1のアセットマネジメント企業体を目指したいと思います。何年先になるかわかりませんが、シンガポールや香港のアセットマネジメント会社とは引き続きこういう会話を続けていきたいと思います。

以上、盛りだくさんではありますが、いずれも重要な課題です。皆さん一人ひとりの知恵と工夫と情熱でなんとか実現させたい課題です。頑張りましょう！」

図5-4 ケネディクスのバランスシートの変遷

(単位:億円)	2008/6	2008/12	2009/12	2010/12	2011/12	2012/12
総資産	4330	2730	2200	2060	1900	1260
借入金	3120	2020	1530	1240	1100	630
純資産	950	575	545	711	714	560
純利益	-	-108	-184	-25	+13	-101

まだまだバランスシートには含み損のある物件をいくつも抱えていたので、2012年はバランスシートの大掃除、社長最後の仕事、ということで再び赤字覚悟で可能な限り売却したり減損を出したり。結果101億円の赤字決算だけど、膿は出し切った。これで2013年3月に次の社長の宮島にバトンを渡すことができる。

結局、2008年6月がピークだった総資産は4330億円、有利子負債は3120億円、これを4年半かけて総資産1260億円、有利子負債630億円にしてバトンを渡すことになった。

生き残るためにみんなでつくった真水のキャッシュは663億円。内訳は2回にわたる増資（プロジェクト・リンドバーグおよびノルマンディー）で世界の投資家から集めた金が345億円、社員一同必死で売れ

図5-5 主な資金調達と資金需要イメージ図（2009年1月〜2010年12月）

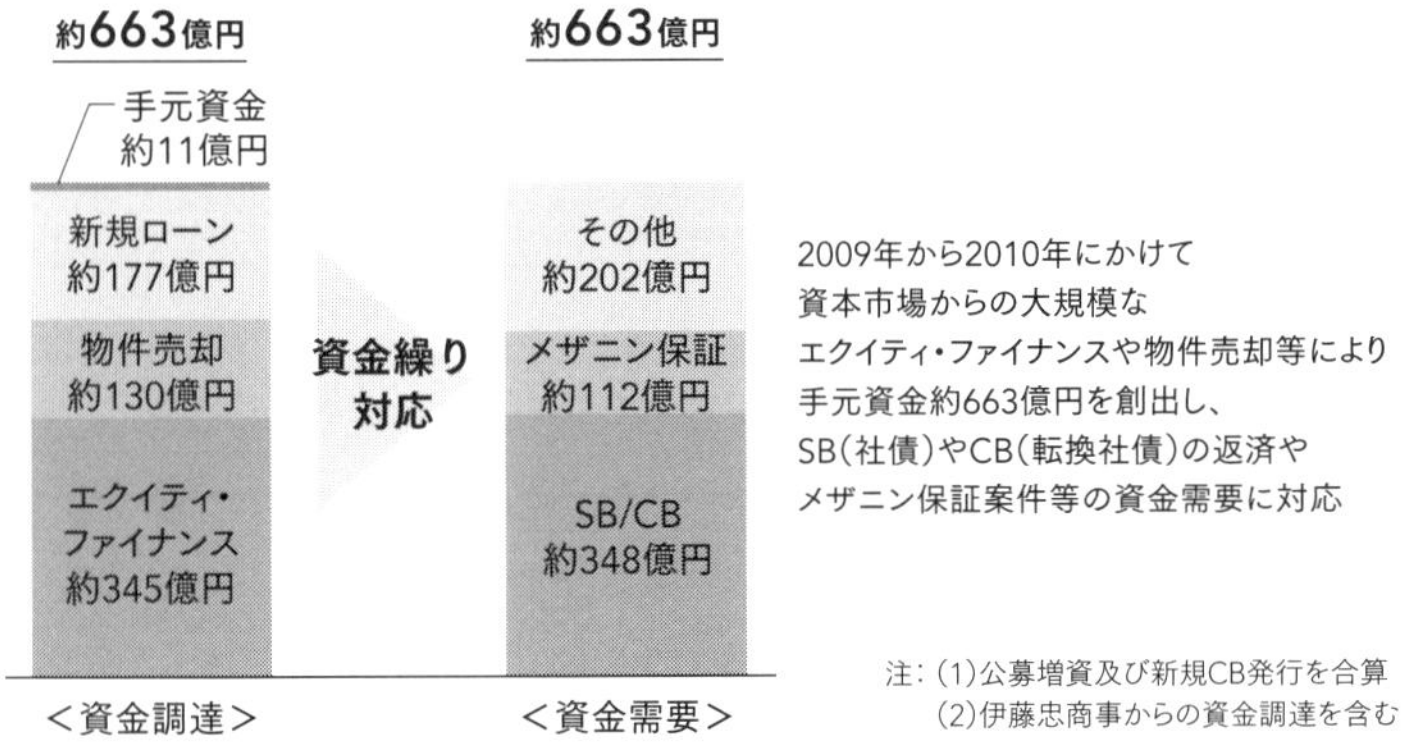

2009年から2010年にかけて
資本市場からの大規模な
エクイティ・ファイナンスや物件売却等により
手元資金約663億円を創出し、
SB（社債）やCB（転換社債）の返済や
メザニン保証案件等の資金需要に対応
注：（1）公募増資及び新規CB発行を合算
（2）伊藤忠商事からの資金調達を含む

るものは全部売ってつくった真水が130億円、SMBCが実行してくれた真水ファイナンス等で177億円、手元資金11億円の合計663億円。これでなんとか辛くも生き残ることができた。日比谷公園を渡らなくてよかった。やってみるものだと。

教訓は何だったか

1．地球のどこかの出来事を「対岸の火事」と思うな。米国でサブプライムローンが焦げ付き始めた。日本には関係ないよね？ いや、待て待て、ローンは証券化されていて、世界中の投資家がその証券化商品を保有しているかも。そうすると、世界中の投資家が痛み、日本も痛むかも――のように常に頭の体操を続けること。昨今、中国の大手不動産会社のデフォルトが取り沙汰されている。これが日本の金融市場とか不動産市場にネガティブなインパクトがあるのか、ないのか、頭の体操が必要。

2. 役員会でトップがNOと言う勇気が必要。案件の優位性を説く部下、しかし、自分の長年の勘と経験では違和感が。異を唱えると、「昨今の状況は前とは違う、本件は投資すべき」と言われる。そうかな、と思いつつもこれ以上反論すると部下のモチベーションの低下を招くかなと承認してしまう。NOと言わなくてはダメだ。

3. 会社がヤバイ時には会社の置かれている状況、解決すべき課題をなるべく詳細に全社員に伝えるべきだと思う。社長、経営陣と社員の距離感を思いっきり縮めることが肝要。社員のモチベーションを維持するためにも、危機感を醸成するためにも、疑心暗鬼を払拭するためにも、そして、何か提案してもらうためにも、平常時よりも経営課題の見える化を深化させるのがいい。

4. そして、最後に重要なのは「一人でも多くの味方を持つ」こと。潰れそうな時に銀行に言われたのが、「ケネディクスもあなたもたいしたもんだ。銀行内のあれだけいろいろな部署に応援団がいるってすごいことだよ」だった。父の教えかもしれない。

大昔に「どんな人生を送ろうとも、人様には絶対に迷惑をかけちゃいけないよ」と言われてきた。

5. 不動産特有の教訓を2つ。不動産屋として長年培った「坪単価」の感覚を信じて曲げないこと。東京のどこどこの何丁目の土地の坪単価、一種当たりの単価、これが自分の感覚から逸脱していたらその取引はやめたほうがいい。ダウントレンドの時に必ず悔やむことになる。

6. 2つ目、政令指定都市以外の小さな都市での物件は、利回りが20%だろうと買わないほうがいい。5年で元本回収できるから買いましょうよ、みたいに言われるかもしれないが、金融収縮の時には悲惨だ。中央の金融機関からの融資で保有していると貸し剝がされる。その際に誰よりも市場を熟知しているはずの地元の地銀、信金に駆け込んでも一切貸してくれない。それが地方物件の怖さだ。

そして、壮絶な戦いが終わって思うこと――

ある時、野村総研のインタビューで「この10年で誰が強くなったと思います？」と聞かれた時、「いろいろな新興系デベロッパーとかファンドが生まれて、そして、死んでいった。

ケネディクスは皆さんのおかげで奇跡の生還ができたけど、なんだかんだ強くなったのは三井、三菱、住友不動産だね」と答えた。空しい話だけど結局みんないなくなっちゃって強くなったのは財閥系だけ。この国は、ヤバイ時にはいろいろな産業再生機構とか支援機構の枠組みをつくったりするけど、JALにしてもダイエーの時もそうだし、あるいはハイテク産業なんかも、そういうものを優先して支える。

「俺たちだけは何もなしかよ？　だったら、もう財閥系と大手企業だけで勝手にやってよ、この国の運営は」と思う時もある。でもせっかく奇跡的に生き残ったんだから、頑張ろうとも思う。銀行にとっては有事の際に「守る会社」は決まっている。例えば三菱ＢＫであれば、「スリーダイヤのマークの付いた会社はどんなことがあっても、（経済合理性と関係なく）守る！」とか。俺たちは生還できたこともあり、またこれだけＳＭＢＣとの信頼関係も構築できたし、あと数年で、「守られる側」に分類してもらう会社になれるような気がする。

勝負は勝とうと思う意志が一番大きかったヤツが勝つ

本書に何度かご登場いただいた三井住友銀行の石井仁部長がある時言ったことがある。当時、企業は倒産手続きのために、だいたい金曜日の夕方に裁判所へ行くから、そのちょっと前に経営者あるいは財務の人がメインバンクにご挨拶に来るか、あるいは電話で「今から更生法を申し立てます。申し訳ありません。大変お世話になりました」と伝えるのが習慣だったそうだ。石井部長は「毎週金曜の夕方4時頃になると、川島さんから電話あったら何て答えようと自問自答していたんだ。でも、結果的に電話が来なくてよかったです！」と言っていた。銀行の取っているリスクも大変なものなのだ。

「あの会社も潰れたよね」と人は言うけれど、僕に言わせると「潰れた」んじゃなくて「経営者自身が自ら潰したんだ」と思う。だって経営者が裁判所に行かなければいつまでも潰れない可能性が高いんだから。

ケネディクスが成長軌道に乗ったのを見届け２０１３年3月に社長を次に譲り、２０１９年3月まで会長として社長をサポート。そして２０１９年3月からは顧問。バンド活動を再開したり、61歳でゴルフを始めたり、開成高校の後輩たちの起業をサポートしたり。振り返れば企業経営は死ぬほどキツかった。けれど死ぬほど楽しく、死ぬほど刺激的だった。

ケネディクスは２０２０年に三井住友フィナンシャルグループ傘下の三井住友ファイナンス＆リース株式会社グループにより当社株式の公開買い付けを実施してもらうこととし、同社が70％、シンガポール最大の不動産アセットマネジメント会社であるＡＲＡ社が30％の資本構成にて非上場化を決断し、２０２１年3月17日に上場廃止となった。これはまさしく先ほど書いた「守られる側」に入ったことを意味する。僕からすれば、１９９８年に参加した小さなケネディクス、２００２年に上場し、19年間の上場期間を経て２０２１年に再び非上場化ということになる。二十数年かけてぐるりと一周したみたいで面白いことだなと思った。

本間良輔元社長についても記しておきたい。本間さんは２０２３年5月25日、不幸にして病に倒れて亡くなった、享年77歳。思えば１９８２年4月1日、僕が三菱商事の海外建設部に入社した時の上司。その日に歓迎飲み会をやってくれた。バグダッドでの仕事も本間さんが営業して受注したプロジェクトだった。僕は１９９０年に安田信託に転職したので、久々に本間さんに会ったのは１９９７年。本書にも書いたようにその時に「これからはアメリカの不動産ファンドが面白いぞ」とケネディクスに誘ってくれた。二人で死ぬほどたくさんの仕事をやった。俗にいう「ケネディクス中興の祖」かな。２００７年に「次、川島が社長やってくれ。自分は会長としてサポートするから」とバトンを渡された。

無類のゴルフ好きで何度も「川島もゴルフ始めなさいよ」と言われたが「僕はバンドと仕事で精いっぱい」とお断り。本間さんも学生時代からバンドをやっていたので、ケネディクスのクリスマス・パーティーの余興で僕と共演もした。２０２０年、僕が61歳にしてゴルフを始めたら喜んでくれて、２０２１年の5月と２０２２年の1月に一緒にコースを回らせてもらった。２０２２年半ばから体調を崩し、入退院を繰り返し、最後に会社でお会いしたのは２０２２年10月だったと思う。もっと一緒にゴルフをしたかった。ご冥福をお祈りします。

会社が潰れそうな時、夜、自宅で「もう今年中に会社は潰れるかもしれないよ。自宅の新築は延期しない？」と何度も妻に言った。「潰れたら潰れたでしょうがないじゃない。せっかく初めてのおうちを造るんだからこれだけは続行しましょう」と動じるでもなく、励

支えてくれた家族（妻－右奥、息子－前列中央）、そして小野良明夫妻、お嬢さん

ますでもないような、けれども何となくポジティブな妻の言葉には感謝です。

そして戦いが終わった今、僕から本書を読んでくださった皆さんにひとこと。

「勝負は強いものが勝つんじゃない、勝とうと思う意志が一番大きかったヤツが勝つんだ」

おわりに

本書の締めくくりに、現役でバリバリ働いている後進の方たちにぜひ伝えたいことがある。それは公私ともに突破力を養ってもらいたいということ。突破力があれば上司を説得し、案件を次々と成約させ、会社を発展させることができるからだ。

最後に、僕の生い立ちからケネディクス入社までの歩みを記しておく。

ドイツで幼少期を過ごす

1959年、東京生まれ。味の素に勤めていた父の仕事の関係で生後8カ月頃にロサンゼルスに転居した。

ジェット旅客機がない時代だったので、プロペラ機に5時間乗って羽田空港からウェーク島に行き、さらにハワイのホノルルへ6時間ほどかけて移動し、そこで1~2泊してロサンゼルスへたどり着いたそうだ。

Theater · Kunst und Wissen

Die Jüngsten beim Steinway-Wettbewerb in der Musikhalle. Bei den Acht- bis Zehnjährigen siegte Atsushi Kawashima (zweiter von rechts) mit einem kleinen Stück von Reger.
Aufn. DU VINAGE

Junge Talente maßen ihr Können

Großes allgemeines Herzklopfen in der Musikhalle; die Eltern litten mit ihren Zöglingen bei der Entscheidung um den diesjährigen Steinway-Klavierspiel-Wettbewerb. Von über 200 Bewerbern zwischen 8 und 16 Jahren stellten sich die ausgewählten 26 jungen Talente einem erstaunlich zahlreichen Publikum und der gestrengen Jury. Die Leistungen waren, besonders in der Gruppe der 14- und 15jährigen, recht beachtlich; sie machten es den Preisrichtern — die vielen geteilten Preise deuten darauf hin — nicht leicht, Gerechtigkeit zu üben (Mancher freilich brachte sich durch ein unglücklich ausgewähltes, zu hoch gegriffenes Stück um den Erfolg). Die Preisträger, Gruppe A (8—10jährige) Atsushi Kawashima, 1. Preis; Detlef Tauscher und Judith Stöhr, 2. Preis; Ulrike-Henriette Liebenow, 3. Preis. — Gruppe B (11—13jährige): Maria Kelle und Michael Hermanussen, 1. Preis; Pieter Hermens, 2. Preis; Maria Fuhrhop und Volker Scheunemann, 3. Preis. — Gruppe C (14- und 15jährige) Susanne Hinz, 1. Preis; Matthias Petersen und Sylke Alshuth, 2. Preis; Ingolf Helm und Peter Griesebach, 3. Preis. In jeder Gruppe wurde eine Reihe weiterer wertvoller Preise vergeben.
CHM

1968年、ピアノコンクールで入賞。現地の新聞でも報じられた

アメリカでの父の仕事は、ふりかけを米国人に売ること。キッコーマンの若い駐在員とタッグを組み、西海岸のロングビーチなどでバーベキューをやっている家族をターゲットに「これを肉につけて食べるとうまいよ」「こっちも試してみて」などと言いながら、売り込みに精を出したそうだ。終戦後わずか14年しかたっていないのに逞しいなと思った。

アメリカでの滞在は3年ほどで、4歳の誕生日は日本で迎えたが、1年後の1964年、5歳の誕生日から向こう5年間は西ドイツで暮らすこととなった。

当時は東西ドイツ統一前で、僕が家族とともに移住したのは西ドイツのハンブルク市。冬はマイナス20度にもなるところで、とても寒かった記憶がある。

地元の幼稚園に入ったが、5歳で日本語もままならないところドイツ語もわからず、コミュニケーションの取りようがなかった。最初は身振りで意思を伝えるしかなく、大変辛かった。

小学校では800人の全校生徒の中で、東洋人は僕と一つ上の姉だけだった。東洋人ということでいじめの標的にされていた。バスに乗っても運転手から「東洋人はバスに乗るな」などと言われた。

ヨーロッパといえばモーツァルトやベートーベンなどクラシック音楽の本場だったので、ピアノを習うことになった。正直なところレッスンを受けるのはあまり好きではなかったが、現地のピアノ・コンクールに出場したところ7～9歳を対象とする部門で3位に入賞することができた。すると「東洋人なのにやるじゃないか」ということで、周囲の僕を見る目が変わってきた。

その後、同じコンクールにもう一度チャレンジしたが、今度は何と優勝。僕は9歳だった。現地の新聞に載ったり、テレビにも出演したりと話題になり、おかげでいじめもなく

1985年2月、自身の結婚式の2次会でバンド演奏

なった。

帰国したのは10歳の時だった。その後はピアノに触れることはなくなったが、音楽はずっと好きだった。開成中学に入学してバンドに目覚め、開成高校時代はバンド活動に熱中した。東大に入学後も勉強そっちのけでバンド活動に入れ込み、フジテレビ主催の８大学バンド合戦では優勝したほど。バイトもディスコの生演奏など、音楽三昧の日々を過ごした。

ちなみに大学卒業後もバンド活動は続けた。ケネディクス社長退任直後の２０１３年7月に「社長卒業ライブ」、２０１９年1月には60歳になったのを契機に「還暦ライブ」を開催した。200人もの人が聴きに来てくれた。

世界を相手に戦いたい！　三菱商事に入社

1982年、東大工学部を卒業し、三菱商事に入社した。

実は人生を懸けて音楽に取り組もうと思ったこともあった。しかし、それを振り切って就職という道を選んだ以上、スケールの大きな面白い仕事をしたかった。大学では都市計画を学んだので、開発建設本部がある三菱商事ならそれを生かせるし、資金力やネットワークもある企業なので、海外で活躍する道も開けると考えたのだ。大きな会社で世界を舞台に、思いっきりわがままにやりたいことをやってやろうと決意した。

入社時の希望通り、開発建設本部に配属され、海外建設部中近東チームの一員となった。三菱商事は当時、イラクで革命記念広場や戦没慰霊者モニュメントなどの建設プロジェクトを手がけていた。僕はその中でバグダッドの国営テレビ局開発プロジェクトに携わった。

その内容はバグダッドの工事現場にスタジオ機器を納入したり据え付けたりといったことで、とても面白い仕事ではあったが、実はそれは先輩たちの仕事だった。新入社員はその補佐役という立場で、日本にいて足りない資材や部品をイラクに送ったり、現地の先輩たちが読みたい日本の週刊誌を送ったりといったサポート業務を行っていた。商社の中での仕事の役割分担は、現場＝ピッチャー、本社＝キャッチャーと表現されるが、新人である僕はまさにこのキャッチャー役だった。

「こんなはずじゃなかった。俺がやりたかったのは世界を相手に戦う仕事だったはずだ」と不満が募り、「現場を見させてほしい。東京にいるだけでは臨場感がわかない。ぜひ現地に行かせてほしい」と、半年もたたないうちに課長に訴えた。しかし課長の許しは出なかった。

「うちでは入社後5年は下積みだ。それまでは出張でも海外には行かせられない」

このままでは埒《らち》があかない。そこで思い切って部長に直訴した。すると拍子抜けするほどすんなりとバグダッド行きの許可が出た。これは当時としてはかなり異例なことだった。

こうして入社してわずか8カ月後、1982年12月に英語も満足に話せない状態でバグダッドに赴任した。

イラクは当時、イランとの戦争の真っただ中で騒然としていた。三菱商事が工事を手がけていたテレビ局に行くと、戦車2台と兵士20人に取り囲まれていた。入ろうとすると、

「身分証明書を見せろ」

と兵士全員から銃口を向けられた。

僕が赴任している間にバグダッドでは日本人が撃たれる事件もあって、緊張感がみなぎっていた。むやみに歩き回ると銃撃されることもあり、例えば政府機関の建物のすぐ目の前の歩道は民間人は歩いてはいけないことになっていた。反対側を歩くのがルールだったが、これを無視すると銃の標的になった。それを聞いてバグダッドに来たのだと実感した。

戦争の真っ最中とはいえ、バグダッド市内では多くの大型プロジェクトが進められていた。現場ではインド、パキスタン、バングラデシュからのたくさんの労働者がひしめき熱気に包まれる一方、上空ではイランへ向かう戦闘機が爆音を響かせながら飛び去っていくという、危険だがエキサイティングな日々が繰り広げられていた。

すでに終盤に入っていた国営テレビ局の工事は間もなく終わり、完成を契機に帰国することになった。

香港でも経験を重ね、バブルに沸く国内の不動産開発へ

再び中近東チームの現地部隊のキャッチャー役を担うことになったが、隣のアジアチームで香港の大型建設工事の入札準備をしているのが目に入った。とても面白そうな案件で気になって仕方がなく、首を突っ込みたくなった。そこで、また中近東チームの上司に頼み込んだ。

「月曜から金曜はイラクの仕事をきちんとやります。ですから、土日はアジアチームの仕事を手伝わせてもらえませんか」

すると、平日は中近東チームの仕事に専念することを条件に認めてくれた。入社2年目の1983年夏のことだった。アジアチームの手伝いといっても雑用が多かったが、それをこなしながら情報に接していくと、香港の山の上に建設を予定している大型のマンションだとわかった。18棟、計980戸の高級マンションで幼稚園、スーパー、プール、テニスコートを造る複合開発。事業規模は約300億円だった。

面白そうな案件でがぜん興味がわいた。幸運にも入札の結果、落札できた。落札できたとなると、もう自分を抑えることができなかった。ここでも部長に直談判し、香港行きの了承を取りつけた。1984年3月、現地に赴任し、香港の人のほかに台湾の人や英国人、米国人、オーストラリア人などと仕事をすることになった。けんかをすることもあったが、国籍や人種、文化が異なる者同士で取り組むプロジェクトに参加できたことは貴重な経験となった。

香港には5年間滞在し、1988年に帰国した。僕は29歳になっていた。

当時の日本はバブル景気たけなわで、首都圏も地方も開発ラッシュに沸いていた。その光景はまぶしいほどだった。そうなると、今度は国内の仕事に魅力を感じるようになる。

「海外の仕事は6年間経験させてもらったので、今度は国内の仕事をやらせてください」と海外建設部長に言ったが、「6年間育てたのに逃げるつもりなのか」と、今回はさすがに怒られた。それでも懇願し続け、海外、国内の仕事を半分ずつやることになった。

代々木上原の高級マンション開発を皮切りに、札幌・南七条の高級マンション、神戸三宮の再開発などを手伝ったが、国内の仕事は想像以上に面白く、開発者、設計会社、ゼネコン（総合建設会社）が侃々諤々《かんかんがくがく》、知恵を出し合って進めていくスタイルにすっかり魅了されてしまった。

それでも飽き足らず安田信託へ、さらにケネディクスへ転職

こうなるともう契約重視でしゃくし定規な海外の仕事を続ける気はすっかり失せていた。そこで、国内専属にしてほしいと本部長に再び談判したが、聞き入れられることはなかった。

日本で不動産ビジネスを続けたいという思いは募る一方で、8年間お世話になった三菱商事を辞める決心を固めた。そんな折、安田信託銀行（現・みずほ信託銀行）の不動産部門が中途採用募集を行っており、バンド仲間の紹介で転職が実現した。

時に1990年、31歳になっていた。入行から2年ほど役員のかばん持ちをした後、不動産の売り手と買い手をつなぐ仲介部門に配属された。これが実に大変で、1年間動いて一つの契約も取れない年もあった。それでもどんな状況に置かれても〝必ず結果を出す〟のが自分の身上だったので、めげずにアンテナを張り続け、決算が悪い会社があればすぐに電話して、「お手伝いできることはないですか」とアプローチを重ねていった（仲介ビジネスについては第2章参照）。

仲介ビジネスにひたすら邁進し、やがて結果が出るようになり、売買手数料高で行内ナンバーワンを4年連続で勝ち取った。手数料総額は4年間で20億円。すでにバブルが崩壊し、不動産部門の手数料は100億円に届かなくなっていたため、この数字は行内でも評価された。
その後、米国マネーが日本の不動産市場に流入するようになり、その結果として安田信託銀行からケネディクスの前身、ケネディ・ウィルソン・ジャパンに転職することになった経緯は第3章で述べた通りだ。

突破力なしに新しい景色は見られない。突破できたら必ず結果を残せ！

以上見てきた通り、若手のサラリーマンとしてはかなりのわがままを押し通してきた。でもやりたい、やるべき、と思ったことは貫いた。それが僕の言うところの突破力だ。突破しないと次のステージには行けない。新しい景色を見ることができないのだ。しかし、突破させてもらったからには結果を出さなくてはならない。必ず結果を出してみせるという信念がないと突破する意味はない。後進の方たちには、ぜひともこういう意識を持って仕事に邁進してもらいたいと願っている。

不動産ファンドビジネスは１９９７年時点ではゼロだった。それが２０２３年初めにはその市場は50兆円（50兆円もの国内不動産を不動産ファンドが運用しているという意味）になった。これからも倍の100兆円くらいに向けて成長するはずだ。不動産ファンドにはいろいろな形態があるが、これからは不動産クラウド・ファンディングや不動産セキュリティー・トークンも使いながら、ますます発展していくのを見るのがとても楽しみだ。それは後進の方々に託してこのへんで筆をおきたいと思う。

本書を最後まで読んでいただき、ありがとうございました。

2024年5月　川島　敦

川島 敦
Atsushi Kawashima

1959年、東京都生まれ。開成高校を1977年に卒業、東京大学工学部を卒業後、1982年に三菱商事に入社、イラクと香港で建設実務を習得。1990年に安田信託銀行（現・みずほ信託銀行）に移り、不動産関連業務で実績を上げた。1998年にケネディ・ウィルソン・ジャパン（現・ケネディクス）に移籍。2001年に取締役副社長、2007年3月に代表取締役社長に就任。2013年3月代表取締役会長、2019年3月より顧問。ほかにSMBC信託銀行顧問、日本エスコン社外取締役などを務める。

100兆円の不良債権をビジネスにした男

2024年6月30日　第1刷発行

著者　川島 敦
発行者　鈴木勝彦
発行所　株式会社プレジデント社
〒102-8641　東京都千代田区平河町2-16-1
平河町森タワー13階
https://www.president.co.jp/
https://presidentstore.jp/
電話：編集（03）3237-3732　販売（03）3237-3731
販売　桂木栄一　高橋 徹　川井田美景　森田 巌
末吉秀樹　庄司俊昭　大井重儀
編集　桂木栄一　菊田麻矢
編集協力　千﨑研司（コギトスム）
装丁　新井大輔
制作　佐藤隆司（TOPPAN株式会社）
印刷・製本　TOPPAN株式会社

ISBN978-4-8334-2489-9　Printed in Japan